A VIRGEM MARIA
E OS SACRAMENTOS

ARMANDO BANDERA, OP

A VIRGEM MARIA
E OS SACRAMENTOS

Fons Sapientiae

Edições Fons Sapientiae
um selo da Distribuidora Loyola

	La Virgem Maria Y los sacramentos. Madrid, Rialp, 1978.
Direitos:	© Copyright 2022 – 1ª edição
Título:	A Virgem Maria e os sacramentos
ISBN:	978-65-86085-28-0
Fundador:	Jair Canizela (1941-2016)
Diretor Geral:	Vitor Tavares
Diretor Editorial:	Rogério Reis Bispo
Tradutor:	Edson Luiz Sampel
Revisão:	Mauricio Pagotto Marsola
Diagramação e capa:	Telma Custodio

Dados Internacionais de Catalogação na Publicação (CIP)
(Câmara Brasileira do Livro, SP, Brasil)

Bandera, Armando
 A Virgem Maria e os sacramentos / Armando Bandera. --
1. ed. -- São Paulo : Edições Fons Sapientiae, 2021.

 ISBN 978-65-86085-28-0

 1. Catolicismo 2. Sacramentos - Igreja Católica
3. Sacramentos - Liturgia 4. Virgem Maria I. Título.

21-92076 CDD-232.91

Índices para catálogo sistemático:
1. Virgem Maria : Liturgia : Cristianismo 232.91

Aline Graziele Benitez - Bibliotecária - CRB-1/3129

Edições Fons Sapientiae
é um selo da Distribuidora Loyola de Livros
Rua Lopes Coutinho, 74 - Belenzinho 03054-010 São Paulo - SP
T 55 11 3322 0100 | editorial@FonsSapientiae.com.br
www.FonsSapientiae.com.br

Todos os direitos reservados. Nenhuma parte desta obra pode ser reproduzida ou transmitida por qualquer forma ou quaisquer meios (eletrônico ou mecânico, incluindo fotocópias e gravação) ou arquivada em qualquer sistema ou banco de dados sem permissão escrita

Sumário

Siglas utilizadas 9

Prefácio 11

Prólogo 15

I. A Virgem Maria no mistério de Cristo e da Igreja 21
    Dualismos verbais e mistério unitário 22
    Em Cristo e na Igreja 24
    Inclusão essencial de Maria no plano salvífico 31
    Presença de Maria e conceito de redenção 37
    Maria, mãe da Igreja 45

II. Maternidade de Maria e sacramentos em geral 53
    Maria e a redenção 55
    Dupla perspectiva da com-paixão mariana 57
    Complementaridade subordinada 59
    A voz dos fatos 65
    Um sinal de natureza ecumênica 66

III. A maternidade espiritual da Virgem e o batismo ... 77
    Síntese do influxo batismal e da ação mariana 78
    Regeneração batismal e maternidade da Virgem .. 80
    Compreensão do batismal e do mariano 86
    Batismo e maternidade de Maria em perspectiva
    ecumênica 88
    Olhando para a humanidade universal 97

IV. A Virgem Maria e o sacramento da crisma 103
    Confirmação, dom do Espírito Santo, encarnação . 104
    Analogias entre o sacramento da crisma e a
    ação de Maria 107
    A palavra de Deus 111
    Virgindade, batismo e confirmação 119
    Crisma e apostolado 128

V. A Virgem Maria e a eucaristia 131
    Três aspectos da eucaristia 133
    A Virgem e a eucaristia como sacrifício 135
    A Virgem, educadora de Jesus 136
    Ação educativa de Maria e sacrifício da cruz 144
    Educação de Maria e sacrifício eucarístico 149
    A Virgem e a eucaristia como sacramento 150
    A Virgem e a eucaristia como presença permanente
    de Jesus 152

VI. A Virgem Maria e o sacramento da penitência 157
    Restauração e redenção 157
    Modalidades da redenção 160
    Redenção e sacramento da penitência 162
    A pessoa de Maria no sacramento da penitência .. 165
    Expiação e regeneração 167
    Transparência 171
    Na comunhão universal 172

VII. A Virgem Maria e a unção dos enfermos 173
    Unção e penitência 174
    Unção e união com Cristo 175
    Unção dos enfermos e educação mariana 177
    Unção dos enfermos e esperança 182
    Unção dos enfermos e comunidade cristã 185
    Unção dos enfermos e humanidade universal 186

VIII. A Virgem Maria e o sacramento da ordem 189
    Um pressuposto 190

Sacramento da ordem e representação de
Jesus Cristo 192
Exercício de atributos messiânicos 196
Educação ministerial 199
Ministério para a comunidade 202
De frente para toda a humanidade 204
Maria e a vocação da mulher 206
Símbolo ou encarnação? 207
Revelação e redenção 209
Maria no mistério da revelação e redenção 212
Linguagem encarnada 214
Recapitulando 216

IX. A Virgem Maria e o sacramento do matrimônio ... 219
A Virgem e a instituição do sacramento do
matrimônio 220
A Virgem Maria e as propriedades do matrimônio .. 225
A Virgem Maria e o destino transcendente do
matrimônio 228
A Virgem Maria e a família 232
A função humanizadora 235

X. Maria no culto da Igreja 239
Vocação cristã e culto a Maria 239
Um trabalho de purificação 242
Culto implícito e culto explícito a Maria.
Perspectiva ecumênica 246
Natureza do culto mariano 254
Orientações fundamentais do culto mariano 259
Conteúdo e formas do culto mariano 272
A Virgem, modelo da Igreja no exercício do culto . 276

Siglas utilizadas

AA Decreto *Apostolicam Actuositatem* (apostolado dos leigos).
AAS *Acta Apostolicae Sedis* (diário oficial da santa sé).
AG Decreto *Ad Gentes* (atividade missionária da Igreja).
CD Decreto *Christus Dominus* (função pastoral dos bispos na Igreja).
DH Declaração *Dignitatis Humanae* (liberdade religiosa).
DV Constituição dogmática *Dei Verbum* (revelação divina).
GE Declaração *Gravissimum Educationis* (educação cristã).
GS Constituição pastoral *Gaudium et Spes* (relação da Igreja com o mundo).
LG Constituição dogmática *Lumen gentium* (Sobre a Igreja católica).
NA Declaração *Nostra Aetate* (relação da Igreja com as outras religiões).
N.t. Nota do tradutor.
OE Decreto *Orientalium Ecclesiarum* (Igrejas orientais católicas).
OT Decreto *Optatam Totius* (formação dos presbíteros).
PC Decreto *Perfectae Caritatis* (renovação da vida religiosa).
PO Decreto *Presbyterorum Ordinis* (vida dos presbíteros).
SC Constituição *Sacrosanctum Concilium* (liturgia).
UR Decreto *Unitatis Redintegratio* (ecumenismo).

Prefácio

De Maria nunquam satis! Sobre Maria nunca se dirá o bastante! A frase, repetida por são Bernardo de Claraval, tem tudo a ver com este livro. De fato, o autor, o eminente teólogo frei Armando Bandera, OP, desaparecido em 2002, desenvolve uma mariologia ainda hoje inédita: Maria atuando nos sete sacramentos!

O impressionante desta obra é que as reflexões se orientam quase exclusivamente pelos documentos do Concílio Vaticano II, máxime pelo capítulo oitavo da constituição dogmática *Lumen gentium*. Vale dizer, o autor escreve a partir de fundamento inconcusso; não se deixa persuadir por nenhum tipo de sentimentalismo, o que, aliás, não seria digno de um teólogo profissional. Desta feita, percebe-se claramente quão explorável ainda se mostra o vigésimo primeiro concílio ecumênico! Frei Bandera logrou haurir frutos maravilhosos do referido concílio e de outras fontes, apresentando uma mariologia essencialmente cristotípica.

Na auspiciosa análise teológica do vínculo de nossa Senhora com os sacramentos, o insigne autor não se deslembra de uma pessoa que eu denominaria de "papa mariano". Refiro-me a são Paulo VI. Com efeito, as diversas alocuções desse pontífice santo, citadas pelo autor, lançam abundante luz sobre os documentos do Vaticano II, sempre em perspectiva marial.

O grande dominicano frei Bandera demonstra que a ação educativa de Maria na vida de Jesus se prolonga nos sete sacramentos e, por conseguinte, atinge o fiel contemporâneo, ou melhor, a obra de Maria afeta benevolamente a humanidade inteira, porquanto toda ação da bem-aventurada Virgem visa a comunicar Jesus, o Verbo encarnado. A propósito, ao arrepio de certa teologia restritiva, o autor perfilha a tese de que todas as circunstâncias que envolvem a vida de Jesus têm caráter redentor: seu nascimento, seu desenvolvimento humano, sua vida de família e de trabalho, sua pregação e sua paixão, morte e ressurreição. Maria esteve presente em todos esses momentos, incluindo o período da infância do messias.

O próprio Deus – afirma o autor – colocou a maternidade espiritual de Maria como elemento imprescindível do plano salvífico. Daqui surgem as conexões de nossa Senhora com os sacramentos. Deveras, escreve frei Bandera no prólogo deste livro: "(...) a Virgem Maria tem presença ativa e operante em todos os momentos e mediante todos os atos em que o cristão expressa a vida. Não pode, portanto, estar ausente dos sacramentos, que são os meios principais instituídos por Jesus para que os homens se configurem a Deus."

Estou absolutamente convicto de que a leitura de "*A Virgem Maria e os sacramentos*" contribuirá para um avanço da mariologia, embora o texto, escrito de forma bem simples, revela-se acessível a qualquer pessoa. Aumenta o entendimento do papel de Maria e, consequentemente, aumenta, também, a compreensão acerca da missão de Jesus. Uma coisa, inexoravelmente, conduz para a outra.

Ao lume das elocubrações do autor, compreende-se que Maria efetivamente coopera com a salvação dos homens. A mãe de Jesus é muito mais que exemplo de discipulado. Tais assertivas arrimam-se no Concílio Vaticano II. Os mariólogos encontrarão neste livro indicações preciosas para ulterior aprofundamento da temática. Frei Bandera simplesmente propõe os princípios fundamentais, explicitando-os em cada um dos sete sacramentos.

Quem ler estas páginas sobre a Virgem Maria e a relação dela com os sacramentos compreenderá melhor o crescimento ininterrupto da piedade mariana na Igreja universal, desde as origens. Observa-se que o fiel, à medida que intensifica sua identificação com Cristo, aproxima-se cada vez mais de Maria, a mãe de Deus.

Dom Orlando Brandes
Arcebispo de Aparecida

Prólogo

Na doutrina mariana do Concílio Vaticano II, a ideia da função materna compendia e qualifica toda a obra que Maria realiza, em dependência de Cristo, para contribuir com a salvação dos homens. Tudo o que a Virgem faz é expressão de sua maternidade espiritual.

As relações de Maria com os homens são relações maternais, estão qualificadas maternalmente e tendem a comunicar e despertar em todos os homens as coisas que se recebem através da mãe e os sentimentos que se experimentam diante da mãe, elevados, sem embargo, à ordem superior, que é a ordem da salvação.

A síntese realizada pelo Vaticano II, enfatizando, a partir da noção de maternidade, o contributo de Maria na obra de salvação, há de exercer profundo e decisivo influxo no desenvolvimento da teologia mariana que, deste modo, passa a ver as relações de Maria com os homens como prolongação das relações dela com Cristo, as quais estão totalmente determinadas e informadas pela maternidade.

A doutrina do Vaticano II se complementa com a proclamação de Maria como mãe da Igreja, feita por são Paulo VI[1] no fim da terceira etapa conciliar, justamente quando foi promulgada a constituição dogmática *Lumen gentium* sobre a Igreja. O mesmo papa teve cuidado de esclarecer que o título que ele proclamava é fruto conatural e próprio das ensinanças conciliares, consoante as quais a maternidade de Maria se exercita não só em relação com os filhos individualmente considerados, mas igualmente com referência à comunidade eclesial.

O tema da maternidade de Maria possui grande profundidade. Maria, com efeito, ao se apresentar diante dos homens sob o título de mãe, proclama vitalmente que Deus quis imprimir na redenção um aspecto maternal em sentido próprio. A associação da Virgem a Cristo na obra da salvação tem esta finalidade precisa. A condição maternal de Maria manifesta um aspecto da redenção de Cristo que ele não podia manifestar tão explicitamente na sua própria pessoa. Por isso, a manifestação do aspecto maternal do amor redentor de Deus, por meio de Maria, é, para nós, elemento absolutamente insubstituível no plano divino da salvação.

A teologia não tem refletido suficientemente a propósito da essencial inclusão de Maria no plano salvífico. Isto repercute desfavoravelmente não só a nível de teologia mariana, mas também no conhecimento do plano divino de salvação. Enquanto não tomarmos consciência de que no âmago do plano di-

---

[1] A tradução levará em conta a canonização dos papas são João XXIII e são Paulo VI (NdT).

vino Deus mesmo colocou a maternidade espiritual de Maria como elemento essencial e insubstituível, não teremos ideia luminosa e plena do modo como Deus quer salvar os homens.

Falar da maternidade espiritual de Maria não significa apelar ao sentimento, muito menos ao sentimentalismo. Quer-se, isto sim, introduzir grave problema teológico, que exige rigor de método, esforço de penetração e poder de síntese, a fim de aclarar o indigitado problema com as luzes que emanam de outros ramos da teologia.

Meu intento, com este livro, consiste em fazer um pouco de teologia sobre a maternidade espiritual da Virgem, desenvolvendo o tema especialmente ao lume das conexões com os sacramentos.

Não é nada frequente encontrar junto com os temas marianos as temáticas sacramentais. Muito pelo contrário, repete-se amiúde que o modo de ação próprio dos sacramentos é incompatível com a intervenção mariana, excluindo-a positivamente. A rotina anestesia este campo teológico como tantos outros. Por isso, parece-me necessário iniciar decididamente a renovação deste particular setor da teologia.

O Concílio Vaticano II oferece não só o estímulo, como igualmente uma plêiade de ensinamentos e orientações assaz precisas, nas quais inspirei-me para escrever este livro, que pretende ser uma contribuição ao "descobrimento" das riquezas da teologia mariana, contidas no vasto magistério conciliar.

Lendo atentamente os documentos do Vaticano II, chega-se à firme convicção de que a salvação oferecida por Deus aos homens em Cristo passa por Maria e, desta feita, se insere na perspectiva da qualificação maternal; é salvação de índole familiar, que reclama a presença de uma mãe. Esta mãe é Maria.

Deus podia fazer as coisas de outro modo. Porém, fê-las assim.

A qualificação maternal não afeta somente alguns bens da vida cristã, mas forma esta vida na totalidade. Por isso, a Virgem Maria tem presença ativa e operante em todos os momentos e mediante todos os atos em que o cristão expressa a vida. Não pode, portanto, estar ausente dos sacramentos, que são os meios principais instituídos por Jesus Cristo para que os homens se configurem a Deus.

Todos os sacramentos relacionam-se entre si. Entretanto, nenhum deles é repetição do outro; cada um tem sua própria "personalidade".

Este princípio serve para organizar a matéria tratada neste livro. Elaboram-se algumas reflexões sobre a maternidade de Maria e os sacramentos em geral, passando, em seguida, ao estudo do modo como a maternidade mariana se manifesta e atua em cada sacramento. Tal procedimento implica algumas repetições inevitáveis, mas tem a enorme vantagem de permitir contemplar a maternidade de Maria desde as perspectivas assinaladas em cada sacramento, perspectivas que são, indubitavelmente, as fundamentais, uma vez que os sacramentos, máxime a eucaristia, vêm a ser como o eixo em torno do qual gira a vida da Igreja[2].

O estabelecimento de conexão orgânica entre a maternidade de Maria e cada sacramento é prova patente de que a Virgem, em virtude da maternidade, desempenha papel essencial na vida cristã, o qual brota dos sacramentos e se nutre deles.

Para enquadrar devidamente o tema da maternidade de Maria e os sacramentos, pareceu-me necessário acrescentar dois estudos de índole geral: primeiramente, um estudo sobre Maria no mistério de Cristo e da Igreja, e outro estudo sobre Maria no culto da Igreja, que serve de conclusão deste livro.

A ação que Maria exerce nos sacramentos depende da posição dela no mistério de Cristo e da Igreja, porquanto os sacramentos vêm de Cristo e se destinam à "edificação" da Igreja, no sentido paulino da expressão.

Suposta a ação exercida pela Virgem, os homens devem corresponder, reconhecendo a mencionada ação como caminho que Deus dispõe, sendo o culto um dos mais importantes desses caminhos.

A referência a Cristo e à Igreja se faz constante neste livro. Jamais a Virgem aparece isolada. Nunca se pretendeu "encerrá-la" dentro de suas perfeições. Antes, pelo contrário, os atributos e funções da Virgem são apresentados sempre em conatural abertura à totalidade do mistério cristão, porque

---

[2] SC 2,6,10; LG 11a; PO 13c e em muitos outros lugares.

somente assim é possível captar seu conteúdo, sua razão de ser.

Este enfoque não somente responde à natureza da fé e aos requisitos de uma teologia científica, mas, também, exatamente por isso, coalesce com as perspectivas ecumênicas e missionárias do Concílio Vaticano II.

A preocupação ecumênica e missionária permeia todo o livro. Qualquer intento de postura "fechada" equivale à negação implícita da maternidade de Maria, cujo horizonte não pode ser outro que o horizonte universal da redenção de Cristo.

I. A Virgem Maria no mistério de Cristo e da Igreja

O Concílio Vaticano II, pelo simples fato de haver enquadrado a pessoa e a obra da Virgem Maria no plano geral da história salvífica, realizou empreendimento da máxima transcendência para o futuro desenvolvimento da mariologia. Com este método, não se corre o menor risco de apresentar os privilégios e as funções da Virgem como realidades insuladas ou reclusas em si mesmas. Antes, pelo contrário, tem-se a melhor garantia metodológica de considerar a pessoa de Maria à luz do plano salvífico, isto é, na relação dela com Cristo e com a comunidade dos homens redimidos ou com a Igreja que Cristo instituiu. O Vaticano II apresenta Maria *no mistério de Cristo e da Igreja*. Não *ao lado*, nem *fora*, nem *em cima*, nem *embaixo*, mas *dentro* do mistério de Cristo e da Igreja. Este importantíssimo conceito informa todo o capítulo VIII da constituição dogmática *Lumen gentium* e se destaca já no próprio título: "A bem-aventurada Virgem Maria, mãe de Deus, no mistério de Cristo e da Igreja".

Dualismos verbais e mistério unitário

Nosso vocabulário é insuficiente para exprimir em que consiste a inserção de Maria em Cristo e na Igreja. Precisamente quando tentamos dar relevo à ideia de unidade em um aspecto ou ordem determinada, temos de recorrer a expressões dualistas sacadas de áreas teológicas afins. Queremos realçar o conceito de *presença, imanência, inserção* da Virgem como meio de integrar organicamente sua pessoa e sua obra dentro do plano salvífico. Todavia, logo atribuímos a este plano salvífico uma expressão *verbalmente dualista*: o mistério de Cristo *e* da Igreja.

Se, por inadvertência, passarmos do dualismo verbal ao dualismo conceitual, qualquer que seja a orientação ou tendência, resultará impossível a visão unitária. Ao se dizer Cristo *e* a Igreja, não se pode pensar que Cristo não esteja na Igreja ou que haja alguma possibilidade de compreender o mistério de Cristo, prescindindo da Igreja, sendo que Cristo é a cabeça desta Igreja[1]; é impossível conhecer a Cristo sem ter em conta seus vínculos com a Igreja. No que tange à Igreja, carece totalmente de sentido qualquer pretensão de conhecê-la, não tomando em consideração que ela está unida a Cristo, como o corpo à cabeça[2]. Cristo e a Igreja não são realidades separáveis.

Tais considerações são elementares. Todo o mundo sabe que quando se fala de Cristo *e* da Igre-

---

[1] Cl 1, 18; 2, 18; Ef 1 22-23; 4, 15; 5, 23.
[2] 1Cor 6; 15-17; 10, 17; 12, 12-30; Rm 12, 4-5.

ja, não se introduz nenhuma separação, pois ninguém pensará que se negue ou se ponha em dúvida a capitalidade de Cristo, nem a inserção da Igreja em Cristo, como corpo dele.

Nada obstante, o que é tão evidente quando o discurso diz respeito a Cristo e à Igreja, para alguns, torna-se completamente obscuro no momento em que surge a figura da Virgem Maria. A simples locução *Maria e a Igreja* suscita dificuldades, porque, afirma-se, é indício de que Maria encontra-se fora da Igreja e a Igreja fora de Maria.

No meu modo de ver, penso que tudo isto não passa de escrúpulo verbal sem importância alguma. Ora, se se aceita na prática o postulado supramencionado, aplicando-o aos casos análogos, forçosamente concluiremos que é impossível falar de mistérios e, concretamente, discorrer sobre Cristo e a Igreja.

É certo que Maria não é Cristo! Mas é certo também que se o conectivo "e" implica dualismo quando precede o nome próprio Maria (*e* Maria), ninguém será capaz de explicar por que não ocorre tal dualismo quando a mesma conjunção se antepuser ao nome Cristo (*e* Cristo). Não criemos complicações verbais inúteis e tomemos as palavras no sentido próprio, conscientes de que a teologia é algo mais que simples linguagem.

A seguir se estudará, sem ambages, Maria *e* a Igreja ou a Igreja *e* Maria. Não se pretende com isto introduzir separações insulares, mas destacar as funções que competem a Maria no mistério de uma Igreja que não seria Igreja sem a Virgem. Maria está *na* Igreja; não *fora* dela. Contudo, quando dizemos Igreja, incluindo Maria, expressamos mais que quando, ao pronunciar a mesma palavra Igreja, referimo-nos somente aos homens pecadores que receberam o batismo de Jesus e aceitam plenamente a instituição salvífica por ele fundada.

Em Cristo e na Igreja

Durante a celebração do Concílio Vaticano II, a pessoa e a obra de Maria foram objeto de dois enfoques diferentes que já haviam despontado no Congresso Mariológico de Lourdes (1958). Em Lourdes, foi praticamente impossível superar a dualidade ou, mais exatamente, o enfrentamento; as duas tendências permaneceram irredutíveis em suas próprias posições. O Vaticano II, por seu turno, seis anos depois, chegou a uma síntese que está exposta no capítulo VIII da constituição dogmática *Lumen gentium*.

As duas tendências, enfrentadas em Lourdes e sintetizadas no Vaticano II, são conhecidas por *eclesiotipismo* e *cristotipismo*.

O eclesiotipismo considera Maria primeiramente em função da Igreja: como figura da Igreja, como protótipo da Igreja, a filha mais excelsa, a encarnação mais sublime da Igreja. Segundo o enfoque eclesiotípico, a Virgem está totalmente imanente à Igreja e, de nenhuma maneira, se sobrepõe à Igreja, *considerada enquanto comunidade composta por homens*. A única coisa que se pode dizer é que esta comunidade recebeu de Cristo algumas prerrogativas, cuja melhor expressão se encontra em Maria. A ordem do plano de Deus não seria Cristo, Maria e a Igreja como sociedade; mas, Cristo, a Igreja e Maria, atuando a mãe do redentor na condição de delegada – digamos assim – e encarnação da comunidade dos irmãos, isto é, dos demais membros da Igreja.

A expressão compendiada do enfoque eclesiotípico da mariologia equivale ao conceito de Maria como *filha de Sião*, vale dizer, membro da comunidade de salvação e encarnação eminente dos privilégios outorgados a esta comunidade.

O cristotipismo, pelo contrário, relaciona Maria diretamente com Cristo e com a missão dele. Por princípio, tende a ver em Maria certa participação nos privilégios e mistérios de Cristo, em virtude da qual ela atua subordinadamente a Cristo sobre a Igreja universal e sobre cada um dos homens que compõe a Igreja. Recorrendo a uma metáfora, podemos dizer que Maria é a criatura sobre a qual se concentra diretamente a luz de Cristo, para, em múltiplos fachos, ser refletida sobre a Igreja em seu conjunto e sobre cada homem individualmente. Assim como no interior da Igreja há uma hierarquia, através da qual os fiéis recebem os bens de Cristo por intermédio do papa e dos bispos[3], instituídos a fim de que toda família de Deus cumpra o mandamento novo da caridade[4]; da mesma forma, de modo análogo, podemos afirmar que, consi-

---
[3] UR 3e; LG 14b.
[4] LG 32d.

derando o plano universal de Deus, existe uma ordem segundo a qual os bens salvíficos chegam à Igreja em dependência de uma ação salvífica que realiza a Virgem sob Cristo e com Cristo.

Eis, sumariamente exposta, a orientação predominante das duas principais tendências manifestadas dentro e fora dos debates do Concílio Vaticano II. Aqui, como em tantos outros temas, o Vaticano II houve por bem trilhar caminho próprio. Para tanto, serviu-se de contribuições de ambas as tendências, se bem que em proporção desigual.

O influxo principal do eclesiotipismo no texto conciliar se manifesta no emprego de expressão característica desta tendência. Efetivamente, o Vaticano II proclama que Maria é a "excelsa filha de Sião"[5]. Sem embargo, quando dá este título a Maria, não remete a nenhuma passagem bíblica. Mais. Excluiu-se, positivamente, toda referência bíblica, como explica a comissão doutrinal, ao apresentar o *texto emendado* do capítulo VIII, submetido à votação dos padres conciliares. Desta feita, o Concílio Vaticano II mostra que não se solidariza com o eclesiotipismo em suas pretensões de considerar-se fundamentado biblicamente nas ensinanças da sagrada escritura acerca do tema *filha de Sião*. Isto não significa que o Concílio Vaticano II desaprove formalmente tais pretensões. Simplesmente, abstém-se de emitir um juízo, adotando uma posição

---

[5] LG 55.

de total independência, deixando, destarte, o tema para a discussão dos teólogos[6].

Nada obstante, a atribuição do título *filha de Sião* bem expressa a mentalidade do Concílio Vaticano II, sempre atento a destacar os vínculos que existem entre Maria e a comunidade donde ela procede, a qual se denomina com o nome simbólico *Sião*. A referida atribuição o concílio faz por conta própria, renunciando a dar fundamentação bíblica em sentido estrito. Entretanto, eis a atribuição e, com ela, o Vaticano II exprime claramente o pensamento de que a Virgem não está desligada da Igreja, nem é exterior à Igreja, mas sim que deve ser saudada como "membro excelentíssimo e inteiramente singular"[7] da Igreja.

Depois do Concílio Vaticano II, pode-se seguir pensando que o título *filha de Sião*, atribuído à Virgem, é, biblicamente falando, uma adaptação. Todavia, o que não é adaptação, mas expressão nítida da doutrina, é a ideia que o concílio expressa por sua conta, servindo-se literalmente do aludido título. O reconhecimento desse fato é indispensável para se situar dentro da mentalidade do Concílio Vaticano II e, assim, haurir um de seus ensinamentos mais característicos sobre a Virgem Maria.

De qualquer modo, a meu sentir, a orientação fundamental do Concílio Vaticano II na temática ma-

---

[6] Em uma aplicação concreta do princípio geral enunciado em LG 54, onde o concílio declara que não intenta dirimir as questões ainda debatidas entre os teólogos.
[7] LG 53.

riana é nitidamente cristotípica. Segundo o Vaticano II, a função primária da teologia mariana é mostrar que o papel e privilégios da Virgem estão sempre referidos a Cristo[8]. Isto quer dizer que o critério para julgar o papel e os privilégios de Maria não se obtém, em primeiro lugar, da comunidade, mas do próprio Jesus Cristo, de quem tal papel e tais privilégios constituem instrumento e participação. No entanto, fora esta e outras afirmações concretas, a própria estrutura do capítulo VIII da constituição *Lumen gentium* expressa, melhor que qualquer outra consideração, a medida exata da orientação cristotípica adotada pelo Concílio Vaticano II. O título mesmo já é bem significativo: *A bem-aventurada Virgem Maria, mãe de Deus, no mistério de Cristo e da Igreja*. Em consonância com este título, o concílio declara que "se propõe a explicar cuidadosamente (...) a função da bem-aventurada Virgem no mistério do Verbo encarnado e do corpo místico"[9]. Efetivamente, o concílio expõe primeiro as relações de Maria com Cristo[10] e só depois as de Maria com a Igreja[11].

A organização da matéria aqui tratada não tem somente valor metodológico, isto é, não depende nem única nem primariamente da necessidade de se pôr a temática em ordem, para evitar confusões na abordagem de um tema complexo. Cuida-se, na ver-

---

[8] LG 67.
[9] LG 54.
[10] LG 55-59.
[11] LG 60-65.

dade, da distribuição da matéria consoante a ideia que o concílio desenvolve a propósito dos liames entre os vários documentos conciliares. De acordo com o Concílio Vaticano II, as funções que a Virgem exerce em relação à Igreja não são originais ou primárias, mas derivadas dos privilégios que a unem com Cristo. "Em virtude da graça da divina maternidade e da missão pela qual esta está unida com seu filho redentor, e em virtude de suas singulares graças e funções, a bem-aventurada Virgem está também intimamente relacionada com a Igreja"[12]. Tratando-se de Maria, o primeiro termo de comparação é Cristo, porque tudo o que ela é e realiza em ordem à Igreja deriva dos especiais vínculos que a unem a Cristo.

O capítulo mariano da constituição *Lumen gentium* está totalmente imbuído de orientação cristotípica. De tal maneira que, se a Virgem representa a Igreja, se é seu modelo e sua figura, se pode ser proclamada a *excelsa filha de Sião*, tudo isto se deve aos privilégios inteiramente singulares que a unem a Cristo. Maria não está perto de Cristo, *por* representar a Igreja, nem sequer *para* representá-la, mas representa a Igreja *por* estar perto de Cristo. Os privilégios eclesiológicos que possui a Virgem são unicamente o reflexo, a derivação, o resultado dos mistérios originais que a unem a Cristo.

Este modo de compreender as relações de Maria com Cristo e com a Igreja não somente está de acordo com a explícita doutrina mariana do Concílio Vatica-

---

[12] LG 63.

no II, mas, ainda, harmoniza-se perfeitamente com o plano geral de Deus, em cujo âmago o concílio situa sempre a pessoa e a obra da Virgem. O plano de Deus consiste substancialmente em sua vontade de salvar-nos por intermédio de Jesus Cristo. Nada obstante, se somos salvos por Jesus Cristo, pressupõe-se que Jesus Cristo, em toda sua obra salvífica, atua como representante nosso, é dizer, como nosso único mediador diante do Pai. Este é o fato. Quando nossa mente reflete sobre este fato, penetra até a raiz mais profunda, descobre que Cristo não é mediador *por* representar-nos, nem tão somente *para* representar-nos, mas nos representa *por* ser nosso mediador e, por sua vez, o privilégio de mediador único é, em Cristo, resultado, verdadeira consequência do mistério original consistente na assunção da natureza humana pelo Verbo de Deus, que se quis fazer homem e salvar-nos.

No processo de salvação, o primeiro ponto que se há de considerar é Deus salvador[13]. Donde segue que a relação primária de todos os elementos integrantes desse processo não se orienta em direção aos homens, que recebem a salvação, mas, em direção a Deus, que a dá. Cristo é, antes de tudo, o enviado de seu Pai; e Maria, a mãe destinada pelo Pai a conceber o Filho, engendrá-lo, alimentá-lo e apresentá-lo ao mesmo Pai no templo[14]. O mesmo, proporcionalmente, se deve dizer de todos os demais elementos componentes do plano de salvação.

---

[13] 1Tm 2, 4; 4, 10.
[14] LG 61.

Feitas estas considerações gerais, agora temos de dizer algo em particular sobre a inserção de Maria em Cristo ou no plano salvífico por ele realizado. Depois, dir-se-á também alguma coisa especial sobre as funções de Maria relativamente à Igreja.

Inclusão essencial de Maria no plano salvífico

O plano salvífico contém a pessoa e a obra de Maria, não como elemento primário ou exigido pela própria natureza da salvação, mas como uma pessoa e uma ação que se fazem presentes pela vontade gratuita de Deus e em igual dependência da pessoa e da obra de Jesus Cristo[15]. Porém, gratuidade e dependência não significam negação dos privilégios recebidos por Maria nem da obra que ela realiza subordinadamente a Cristo. Trata-se de gratuidade e dependência positivas, vale dizer, que enriquecem Maria e impelem-na a cooperar sob a suprema ação de Cristo. No plano de salvação, Maria é uma "peça" essencial e não se pode prescindir dela sem lesionar essencialmente o referido plano.

A Sagrada Escritura contém claramente este ensino, apesar de proposto de outro modo. Os mistérios da infância de Jesus, começando pelo fato mesmo da encarnação, são incompreensíveis e inexplicáveis sem a presença e a intervenção ativa da Virgem, que não é mero requisito prévio, mas elemento

---
[15] LG 60.

integrante ou pertencente ao conteúdo dos próprios mistérios. Cristo é sempre o Filho de Deus "nascido de mulher"[16] e, em consequência, atua sempre deste modo preciso. Romper a relação de Cristo com sua mãe, em qualquer momento da vida de Cristo, é um modo de negar parcialmente a Cristo em sua realidade histórica, a fim de introduzir uma parte de ficção inventada por nós e que só pode servir para desfigurar a Cristo.

Pois bem, os mistérios da infância de Jesus são redentores ou salvíficos, porque Jesus é o redentor e o salvador dos homens, não por uma parcela do seu ser ou da sua vida, mas pela totalidade de si mesmo e por todos os mistérios e atos que pertencem a ele[17]. Não se pode prescindir de um único mistério sem subtrair da redenção algo que lhe pertence intrinsicamente. Quando se crê de verdade em Jesus Cristo tal como ele é, Filho de Deus desde a eternidade e filho de Maria a partir da encarnação, não pode haver a menor dificuldade para crer também que a entrada de Cristo no mundo e todos os "passos" que deu enquanto viveu entre os homens têm eficácia própria, da qual ninguém pode se privar.

---

[16] Gl 4, 4.
[17] Caberia aqui recordar toda a tradição dogmática da Igreja que gira em torno do Concílio de Éfeso (431) e do Concílio de Calcedônia (451), nos quais se esclareceu a relação que existe entre a pessoa de Cristo, com a dualidade de naturezas, e o mistério da redenção dos homens. Além das definições conciliares, é mister ler ao menos as "cartas sinodais" de são Cirilo de Alexandria e a carta dogmática ou *Tomus ad Flavianum*, de são Leão Magno.

Quando se afirma a presença e a intervenção de Maria na redenção, o que no fundo se busca salvaguardar é a virtude salvífica de *todos* os atos de Cristo, de *todos* seus mistérios, tais como se realizaram historicamente. Quem situa a Virgem fora da obra da redenção e não reconhece a parte ativa que ela desempenhou, ver-se-á imediatamente compelido a recortar a obra de Cristo, porquanto já não poderá mais incluir na aludida obra *todos* os atos e mistérios de Cristo, tal como ocorreram e tal como são.

O raciocínio que toma como ponto de partida os mistérios da infância de Jesus, nos quais a intervenção ativa de Maria é mais clara, pode e dever ser aplicado aos demais mistérios, uma vez que Jesus foi filho de Maria não só durante a infância, mas durante toda a vida. De outra parte, a educação que Maria deu a Jesus[18], como qualquer tipo de boa educação humana, e com maior motivo, repercutiu em toda a vida de Jesus, de tal maneira que os mistérios de Jesus perderiam algo do que são, se se intentasse isolá-los dessa educação.

A Virgem Maria se faz presente de algum modo em toda a obra da redenção. Por ser mãe do Verbo encarnado, Maria foi objeto da vontade de predes-

---

[18] O tema da educação de Jesus por Maria se encontrará repetidas vezes, a partir do que se diz para explicar a ação mariana no sacramento da crisma. Remeto-me, portanto, às explicações que serão dadas mais adiante. Jesus estava sujeito à educação humana e, na ordem intelectual, aprendia de verdade ou progredia no conhecimento (*vide* santo Tomás de Aquino, *Suma Teológica*, III, 9, 4).

tinação, pela qual Deus quis, decretou e realizou a encarnação de seu Filho. Maria, afirma o Vaticano II, "foi predestinada, desde toda a eternidade, juntamente com a encarnação do Verbo"[19].

A maternidade do redentor não pode deixar de afetar a redenção. O Filho de Deus que, para vir ao mundo, quis servir-se da maternidade de Maria, proclama, com este fato, que quer servir-se também dessa maternidade para cumprir a obra de redentor. A Virgem, pois, entra no plano salvífico, porque a vontade predestinante do Pai une-a indissoluvelmente à pessoa e a obra do Filho. Esse é o mistério. Ao homem não compete mudá-lo, deformá-lo ou mutilá-lo, mas aceitá-lo na plenitude e totalidade do conteúdo.

Maria intervém e está presente na redenção sobretudo em virtude de sua maternidade. No entanto, em Maria, a maternidade não somente não pode ser separada de seus outros privilégios e funções, mas embasa a todos, dando-lhes unidade e conduzindo-os à plenitude. A maternidade de Maria, considerada na sua concretude histórica, – somente assim existiu – é a maternidade de uma pessoa imaculada, Virgem, associada a Cristo, assunta ao céu, "exaltada pelo Senhor como rainha universal, com o propósito de que se assemelhe mais plenamente a seu Filho, Senhor dos senhores e vencedor do pecado e da morte"[20]. Esta maternidade concreta, que leva consigo todos os demais atributos marianos, é o tí-

---
[19] LG 61.
[20] LG 59.

tulo pelo qual a Virgem se faz presente na redenção. São Paulo VI, falando de Maria, disse que "a maternidade divina é o fundamento de sua especial relação com Cristo e de sua presença na economia da salvação operada por Cristo"[21].

Sem embargo, a maternidade de Maria, em seu ser concreto, é atributo que tem mais de cristológico que de mariano, porque, no plano de Deus, está [a maternidade de Maria] ordenada a facilitar a compreensão do mistério de Jesus Cristo. Maria, "no Concílio de Éfeso, foi solenemente proclamada 'santíssima mãe de Deus', *para que Cristo fosse reconhecido verdadeira e propriamente como Filho de Deus e Filho do homem segundo as escrituras*"[22]. Aqui está uma afirmação de importância capital em que, por outro lado, pouco se nota. A história da cristologia comprova-a com evidência inapelável. Os padres da Igreja rechaçaram os erros contrapostos de Nestório e Eutiques, arrazoando a partir da maternidade divina de Maria, considerada não tanto como privilégio singular desta pessoa concreta, mas como reflexo no qual se expressa e se nos dá a conhecer o mistério da unidade de pessoa e dualidade de naturezas de Jesus Cristo. Por sua vez, este mistério que descobre a "constituição" de Jesus Cristo, é a única base sobre a qual se apoia a redenção da humanidade, tal como está contida na revelação. Cristo é redentor por ser Filho de Deus encarnado ou feito homem.

---

[21] São Paulo VI, alocução de 21/11/1964, no encerramento da terceira etapa conciliar (AAS, t. 56, p. 1015).
[22] UR 15b.

Assim, voltamos ao ponto-chave. Quem não toma a maternidade de Maria com absoluta seriedade, respeitando todo seu conteúdo e aceitando todas suas consequências, não consegue entender bem o mistério de Cristo. "A verdadeira doutrina católica sobre a bem-aventurada Virgem, disse são Paulo VI, será sempre a chave para a exata inteligência do mistério de Cristo e da Igreja"[23].

Creio que deste modo se tem uma ideia bastante concreta da medida em que Maria encontra-se "submersa" em Cristo. Daqui advêm duas consequências principais. Em primeiro lugar, prescindir de Maria é prescindir de alguma coisa de Cristo. Em segundo lugar, o estudo teológico sobre os privilégios e funções de Maria só alcançará o próprio termo quando mostrar a inserção desses privilégios e funções em Cristo e os fizer resplandecer como privilégios que têm em Cristo o fundamento e a última razão de ser[24]. Maria pertence mais a Cristo do que a si mesma; a finalidade de todos os dons que possui e de todas as funções que cumpre é mais cristológica que mariana, porque não se orienta a glorificar a ela, Maria, mas a facilitar o encontro de todos os homens com Cristo[25].

O Concílio Vaticano II empenhou-se em fomentar uma mariologia deste tipo, ou seja, uma mariologia cristológica, concebida e desenvolvida em total dependência dos mistérios de Cristo. De certo modo,

---
[23] São Paulo VI, *ibidem*.
[24] LG 67.
[25] LG 60, 62c.

cabe afirmar que o Vaticano II não fala de Maria *e* de Cristo, mas de Maria *em* Cristo, *sob* Cristo, *com* Cristo, *indissoluvelmente* unida a Cristo, *relativa* a Cristo etc., pois, todas essas expressões despontam repetidas vezes, literalmente ou quanto ao sentido, no capítulo VIII da constituição *Lumen gentium*.

Uma mariologia desta natureza é muito mais profunda que qualquer outra e cumpre, melhor também que qualquer outra, o escopo fundamental de nos ajudar a entender os mistérios de Jesus Cristo e captar a totalidade do seu conteúdo.

Presença de Maria e conceito de redenção

A redenção é um exemplo concreto que pode servir de base para comprovar as afirmações anteriores. Parece-me um fato assaz conhecido que grande parte da teologia atual não tem excessiva preocupação pelo estudo e esclarecimento do mistério mariano. Mas, este fato vai acompanhado de outro mais grave: a ideia que ordinariamente se tem da redenção é incompleta. Os dois fatos não caminham juntos por causalidade, mas se influem mutuamente. O escasso interesse pelo mistério de Maria conduz à igual falta de interesse em relação à vida de Jesus durante os anos que viveu sujeito a seus pais[26]. Contudo, uma vez que se executa semelhante corte na vida de Jesus, os mistérios da infância ficam fora da obra salvífica, ou, no máximo, são vistos como sim-

---

[26] Lc 2, 51.

ples ponto cronológico de partida. Assim, a Virgem permanece tão distante, que não se pode nem sequer pensar que ela tenha participação na obra redentora. Uma falha conduz a outra mais grave.

Algumas posturas atuais identificam a redenção com o mistério pascal. Consegue-se algo tão importante como revalorizar este mistério que ocupa o centro da obra de Cristo e que, sem embargo, em tempos passados, estava notoriamente preterido, com grande dano para a ciência teológica e sobretudo para a vida cristã. Todavia, a revalorização do mistério pascal foi feita com critério unilateral, à custa de subestimar e, praticamente, olvidar todo o restante. Em certos casos, até se evita intencionalmente a palavra *redenção*, por considerá-la jurídica, sendo que para exprimir a obra de Jesus Cristo alguns parecem não querer admitir outra fórmula que a de mistério pascal.

Atrás da fórmula está o conteúdo, e isto é o que constitui o verdadeiro problema teológico. O que aqui se ventila não afeta as palavras, mas a própria realidade do mistério.

O que é o *mistério pascal* e o que expressamos com essa fórmula? A Sagrada Escritura, usando o vocabulário pascal do antigo testamento, fala frequentemente da obra com que Cristo redime os homens. Cristo é o *cordeiro* que tira os pecados do mundo[27]; na paixão, não se lhe quebrou nenhum

---

[27] Jo 1, 29; 1Pd 1, 18-19; Ap 5,6. No Apocalipse, Jesus é muitas vezes designado com o nome de *cordeiro*, porque ele é efetivamente o "cordeiro" da nova Páscoa.

osso, diferentemente do que sucedeu com seus companheiros de crucifixão, para que se cumprisse em Cristo a norma relativa ao cordeiro pascal[28]. Mas, é sobretudo são Paulo quem apresenta Cristo imolado e ressuscitado como *nossa Páscoa*[29].

Esta alusão sumária aos ensinamentos bíblicos basta para compreender que o mistério pascal é uma unidade complexa, na qual se destacam, por um lado, a imolação ou morte de Cristo e, por outro, a ressureição ou entrada em uma vida nova, à qual todos somos chamados. Nem o vocabulário pascal do novo testamento, nem as ensinanças neotestamentárias acerca da realidade ou conteúdo do mistério fornecem base alguma para pensar que na noção de *Páscoa* esteja incluída toda a vida de Jesus, da encarnação em diante. Cristo é *Páscoa* em virtude de fatos bem determinados: por haver padecido, morto e ressuscitado pela nossa salvação.

O ensino explícito do novo testamento é recolhido e formulado, com toda precisão, pelo Concílio Vaticano II, quando apregoa: "a obra da *redenção humana* e da perfeita glorificação de Deus, preparada pelas maravilhas que Deus obrou no povo da antiga aliança, Cristo Senhor realizou *principalmente pelo mistério pascal de sua bem-aventurada paixão, ressurreição dentre os mortos e gloriosa ascensão*"[30].

---

[28] Jo 19, 36.
[29] 1Cor 5,7-8.
[30] SC 5b. Os grifos são meus. A terminologia do concílio não é sempre totalmente uniforme. Falando, por exemplo, da inser-

O Vaticano II frisa claramente os fatos integrantes do mistério pascal e afirma, de modo explícito, que a redenção está contida *principalmente* neste mistério. O que pressupõe que não está toda nele e que, portanto, os demais fatos e mistérios da vida terrena de Jesus têm valor redentor, de que não se pode prescindir, sem negar parte da obra de Jesus. Esta doutrina encontra-se desenvolvida mais amplamente pelo Vaticano II e sempre de maneira coerente com o que se ensina em muitos outros lugares, máxime quando se discorre sobre o sacerdócio e a eucaristia.

Como complemento do ensino conciliar, quero reproduzir dois testemunhos, um de são Paulo VI e outro do Sínodo Episcopal de 1971. Segundo são Paulo VI, "é numa expressão, que entrou com a máxima honra em nossa linguagem, que a obra redentora de Cristo, consumada por meio da cruz, assume a importância de uma ideia dominante na teologia e espiritualidade do concílio. Referimo-nos à expressão 'mistério pascal', com a qual se pretendem explicar, sinteticamente, os *principais* fatos que constituem a obra salvadora de Cristo, ou seja, não só sua paixão e morte, mas também sua ressurreição e ascensão ao céu. Estes fatos não só se verificam na santa humanidade do Senhor Jesus, mas também se

---

ção no mistério pascal mediane o batismo, diz o seguinte: "os homens são enxertados no *mistério pascal* de Cristo: *morrem* com ele, são *sepultados* com ele, *ressuscitam* com ele" (SC 6). Contudo, a ideia é sempre a mesma: o mistério pascal está integrado pela paixão, morte e ressurreição de Jesus.

realizaram com a intencional e amorosa virtude de serem comunicados a quem tem fé em Cristo"[31].

O Sínodo Episcopal de 1971 caminha por outra perspectiva. Não especifica o conteúdo do mistério pascal, como o fazem os textos transcritos do Concílio Vaticano II e de são Paulo VI, porém, insiste, juntamente com eles, que o mistério pascal não contém a totalidade da obra redentora, mas que é somente seu ponto culminante. Jesus Cristo, diz o sínodo, "anunciou ao mundo o evangelho da reconciliação entre Deus e os homens. Sua predicação profética, referendada pelos milagres, *teve o momento culminante no mistério pascal, suprema palavra* do amor divino com que o Pai nos fala"[32]. O mistério pascal é a *suprema palavra*, o *momento culminante* da pregação de Jesus, porquanto não há palavra capaz de expressar o amor que nutre para com nós outros, como a que ele "pronuncia" pelo fato de morrer e ressuscitar pela nossa salvação. Todavia, a palavra suprema não é a única, e o momento culminante não representa a vida inteira de Jesus.

A conclusão a que se chega é sempre a mesma: o mistério pascal é o núcleo, o centro, a parte principal e suprema da redenção, mas não é toda a redenção. Quando a teologia da redenção se reduz ao mistério pascal, a obra de Cristo é mutilada, a fé na sua Pessoa se empobrece e se obscurece.

---

[31] São Paulo VI, audiência geral de 15 de setembro de 1971. *Ecclesia*, p. 6 [1746]. Os grifos são meus.
[32] Sínodo Episcopal de 1971, *O Sacerdócio ministerial*, 1.ª parte, n. 1. Os grifos são meus.

Como resgatar para a redenção os atos e anos da vida de Jesus que, humanamente, não têm nenhuma relevância, ou que, como o próprio fato da encarnação, se desenvolvem no mais íntimo de uma pessoa? Aqui reside o problema. Eu pessoalmente acho que tal resgate só é possível se se recorrer a uma pessoa chamada Maria.

Quem se dá conta de verdade que o fato original da encarnação e que a infância e vida oculta de Jesus têm valor redentor não pode deixar de pensar na Virgem e fazê-la intervir em todo o processo salvífico. Outrossim, quem leva a sério a presença de Maria na história salvífica não pode deixar de dar à encarnação, à infância de Jesus e a sua vida oculta a importância que lhes corresponde no conjunto da redenção[33].

Não conheço nenhuma possibilidade de dar realce à encarnação, à infância e à vida oculta de Jesus, prescindindo da pessoa e da obra de Maria. Como, tampouco, não encontro a menor possibilidade de situar a pessoa e a obra de Maria no mistério da salvação, prescindindo da encarnação, da infância e da vida oculta de Jesus. Em outros termos, a pessoa e a obra de Maria são o melhor auxílio de que dispomos para atualizar nossa fé em uma parte da redenção, isto é, na parcela concretamente integrada pela vida e mistérios de Jesus anteriores ao início do minis-

---

[33] O fenômeno, sob seu duplo aspecto, se observa claramente no Vaticano II. O capítulo oitavo da constituição *Lumen gentium* destaca muito bem tanto o valor salvífico de todos os mistérios de Jesus quanto a presença de Maria em todos eles.

tério público. Por prescindir de Maria, a teologia da redenção está se empobrecendo enormemente.

Quem fala hoje, por exemplo, da obediência de Jesus a Maria e de seu valor salvífico em relação com a humanidade inteira? Quem se ocupa das demonstrações sensíveis de amor que Jesus dava e recebia, e quem vê nelas parte da redenção que tem importância singularíssima para regular a vida de família na Igreja, no mundo inteiro? Quem pensa hoje que Jesus praticou as virtudes e conselhos evangélicos no interior da família de Nazaré? Quem, ao tratar da redenção, menciona sequer essa prática dos conselhos como uma das partes integrantes da própria redenção? Quem se refere, ao menos remotamente, ao fato de que a prática dos conselhos, tal como aparece em Jesus, portanto, tal como pertence à redenção, possui índole comunitária – familiar – e pede, na Igreja, emulações também comunitárias, as quais somente são possíveis quando se olha com grande atenção para a família de Nazaré? Quem extrai da família de Nazaré as normas que configuram a vida de uma família cristã?

Estes questionamentos e muitos outros que poderíamos acrescentar proclamam, alto e bom som, que a ideia de redenção correntemente exposta está muito incompleta. Nem teólogos nem exegetas parecem estar preocupados com isso.

Quando se deixa de prestar atenção em Maria, poder-se-á, verbalmente, imprimir imenso relevo ao mistério pascal, poder-se-á insistir muito no seu primado, entretanto, nada disto satisfará quando o preço pago redunda em negar ou passar por alto parte da redenção. A falha inicial, que consiste em introduzir cortes, explícitos ou tácitos, necessariamente repercute no próprio mistério pascal, já que a vida de Jesus e a redenção inerente à vida dele possuem unidade mais profunda que a vida de qualquer homem. Arrancar uma parte ou, simplesmente, prescindir dela, é deformar o conjunto e privar-se de um dos elementos que ajudam a compreender a redenção.

No aspecto psicológico, insiste-se bastante no princípio da globalidade ou da totalidade, achando-se, assim, a base de correta metodologia para interpretar com exatidão a vida de uma personagem ou para a simples compreensão das relações de qualquer homem. Mas, quando se trata da redenção, este princípio parece não ser levado em conta. Daí segue, necessariamente, que as interpretações da obra de Jesus e, sobretudo da sua pessoa, não podem ser exatas. Eliminado algum dos elementos de compreensão, a desfiguração surge por si só, ainda que se queira evitar tal vicissitude. Os fatos têm sua lógica.

A Virgem, só por sua presença, é garantia firme da aceitação de todos os dados que se referem a Jesus e do conteúdo total da revelação acerca da redenção. Contudo, a presença de Maria deve ser encarada como verdadeiramente é, ou seja, elemento auxiliar e subsidiário, cuja função só pode ser bem compreendida quando contemplada através do seu destino último, que consiste em servir de preparação para o mistério pascal, considerado em todas as circunstâncias concretas e históricas segundo o plano de Deus.

Um mistério tão complexo como a redenção requer, da parte do crente que o aceita e do teólogo que o explica, uma mentalidade integradora que se compraz em coletar todos os dados, antepondo-os a qualquer teoria, por sedutora que pareça.

Maria, mãe da Igreja

Após haver sumariamente enquadrado a pessoa e a obra de Maria no plano da salvação realizada por Cristo, é mister dizer algo também sobre as relações que vinculam Maria à Igreja. O título *mãe da Igreja* compendia todas as relações e lhes imprime nota específica: são relações maternais.

Quando se analisa o tema em profundidade, entende-se imediatamente que as relações da Virgem com a Igreja são parte de suas relações com Cristo, pois a Igreja é o corpo de Cristo, sua esposa, sua família, o templo onde ele mora, onde se faz efetiva a salvação, donde a salvação é levada até a quem não conhece Cristo. Nada obstante, para dar uma ideia do tema, não basta invocar o pano de fundo, ao qual, em última instância, tudo se reduz, porque é necessário considerar em perspectiva mais próxima o conjunto de relações que medeiam entre a Virgem e a Igreja. Assim procedeu o Concílio Vaticano II, mostrando ao teólogo o caminho e método que deve ser seguido.

O Vaticano II compendia todos os vínculos que medeiam entre Maria e a Igreja no conceito de influxo maternal ou de maternidade espiritual. "Não seria exagerado dizer que se o Concílio de Éfeso foi o concílio da maternidade divina de Maria, o Concílio Vaticano II foi o concílio de sua maternidade espiritual[34]." Efetivamente, a insistência com que aparece esta ideia e as múltiplas formas de que se reveste destacam-se desde o princípio até o fim do capítulo oitavo da constituição *Lumen gentium*[35]. Ouras expressões, por exemplo, a mediação, derivam da maternidade. O Vaticano II agiu deste modo intencionalmente e, sem dúvida, com grande acerto, a fim de centrar a atenção dos teólogos em terreno que transcende as controvérsias, bem como para ressaltar alguns aspectos e introduzir um vocabulário mais facilmente aceitável pelos irmãos separados. A preocupação ecumênica se antolha a cada momento e, por si só, representa grande enriquecimento doutrinal e, sobretudo, poderoso estímulo para integrar harmonicamente as exigências de uma mariologia profunda e de um são ecumenismo.

A insistência do concílio na maternidade espiritual de Maria teve intrínseco complemento na proclamação de Maria como *mãe da Igreja*, feita por são Paulo VI na presença dos padres conciliares, no fim da terceira sessão da grande assembleia.

O título de mãe da Igreja, disse são Paulo VI, "exprime, com síntese maravilhosa, o posto privilegiado

---

[34] M. Llamera, OP, A Virgem no Concílio Vaticano II. *Teologia Espiritual*, 9 (1965), 200.
[35] O frei Llamera, OP, transcreve nada menos que *treze* passagens nas quais se fala da maternidade de Maria relacionada aos fiéis (pp. 201-202). E estas são apenas as passagens explícitas, pois, de modo implícito, a ideia está presente em todas as partes.

que este concílio reconhece à Virgem na santa Igreja"[36]. Não se trata, pois, de um título tendente a corrigir coisa alguma do conteúdo do ensino conciliar; pelo contrário, sua finalidade é expressar, em forma sintética e intuitiva, a rica doutrina do concílio sobre a Virgem Maria e sobre as funções que ela cumpre na Igreja.

Em alguns setores, a proclamação do título pelo papa foi recebida com certa reserva e até se cogitou de oposição entre o papa e os restantes padres conciliares, os quais haviam aprovado um texto no qual se havia excluído intencionalmente o título proclamado. A atmosfera um pouco tensa que reinava ao findar-se a terceira etapa do concílio pode explicar algumas atitudes e alguns comentários que, em todo caso, foram muito escassos. O mundo todo testemunhou a calorosa acolhida das palavras com que o papa proclamou o título. Este fato, por si só, desqualifica qualquer intento de fazer especulação com base em insignificantes resistências, mais instintivas que racionais.

Durante os debates conciliares, várias vezes se apontou a grande dificuldade contra este título: cuida-se, asseveravam os oponentes, de um título novo, que carece de tradição na Igreja.

O papa, nas explicações ofertadas sobre o título, pensa exatamente o contrário. "Trata-se, veneráveis irmãos, de um título que não é novo para a piedade dos cristãos; antes, com este nome de mãe e com preferência a qualquer outro, os fiéis e a Igreja intei-

---

[36] São Paulo VI, alocução de 21/11/1964, no encerramento da terceira etapa conciliar (AAS, t. 56, p. 1015).

ra preferem dirigir-se a Maria. Na verdade, pertence [o título] à genuína essência da devoção mariana"[37].

Deparamo-nos ante afirmações aparentemente antagônicas. De um lado, alguns combatem o título, tachando-o de novidade. De outro lado, o título é proclamado como a expressão mais precisa da tradicional devoção do povo cristão. No fundo, não há oposição de conceitos, mas diversidade de perspectivas.

Para situar o tema em seu verdadeiro centro e, por conseguinte, lograr uma compreensão razoável, creio que não existe nada tão a propósito como o comentário dedicado pelo papa ao tema da colegialidade, na promulgação da constituição *Lumen gentium*, e que integra o mesmo discurso que contém a proclamação do título mariano:

"O melhor comentário que se pode fazer da promulgação – disse são Paulo VI – é afirmar que com ela não muda em nada a doutrina tradicional. O que Cristo quis nós queremos também. O que existia permanece. O que a Igreja tem ensinado ao largo dos séculos, nós continuamos a ensinar. A única diferença é que o que antes estava contido no estilo de vida ora se exprime em doutrina clara; o que até o presente estava sujeito à reflexão, à discussão e até à controvérsia, obteve serena formulação doutrinal. Verdadeiramente, podemos afirmar que a divina providência nos proporcionou uma hora luminosa"[38].

Algo similar se pode dizer da maternidade de Maria sobre a Igreja. Considerando apenas a vida

---

[37] São Paulo VI, *ibidem*.
[38] São Paulo VI, *ibidem*, pp. 1009-1010.

cristã, o título expressa uma das modalidades mais ternas que *sempre* revestiu essa *vida* e, portanto, não é novo nem pode ser rechaçado como novo. Sem embargo, considerando somente o enunciado, é preciso reconhecer que se trata de título recente, sujeito "à reflexão, à discussão e, em parte, à controvérsia."

O papa, com a proclamação do título e com as explicações que deu, conseguiu um avanço semelhante ao tema da colegialidade, vale dizer, fez com que o que antes "somente se vivia, agora tenha formulação clara."

Anteriormente, o título se encontrava fragmentado em múltiplas partes integrantes. Falava-se, efetivamente, da Virgem como mãe de cada uma das categorias ou estados de fiéis, mãe dos fiéis em geral, mãe dos redimidos, mãe dos que sofrem necessidade etc. Qualquer um pode comprovar essa afirmação, lendo escritos referidos à Virgem, sejam orações ou outras manifestações de piedade, sejam estudos teológicos da mais diversa índole, sejam, finalmente, os documentos pontifícios que se reportam à Virgem e a suas funções na vida cristã.

Quando o esforço teológico reduziu à unidade todos esses elementos, parcialmente dispersos e fragmentários, brotou espontaneamente o título unitário: Maria, *mãe da Igreja*. No fundo, trata-se unicamente da mudança de uma concepção não apenas individual da maternidade espiritual de Maria para uma concepção também comunitária, inspirada na própria visão da Igreja enquanto comunidade.

Ao se abordarem as coisas com serenidade, é preciso reconhecer que o título *mãe da Igreja* dificilmente poderia ter nascido e prosperado em outros tempos. Com efeito, é um título essencialmente ligado ao conceito de Igreja. A consideração explícita do título não é nem sequer imaginável sem uma consideração simultânea do mistério da Igreja. Ainda que possa parecer estranho, é fato que a teologia não refletiu sistematicamente sobre o mistério global da Igreja tanto como tem refletido na atualidade. Afirma-se que o esclarecimento e a formulação acerca do mistério constituem a obra primordial do Concílio Vaticano II, o que patenteia sua razão de ser na história dos concílios e corporifica um princípio unificador de todos os dezesseis documentos.

Desta feita, parece contrassenso exigir larga tradição literária a favor do título *mãe da Igreja*. Este título não pôde consolidar-se literariamente antes de contar com o apoio da constituição dogmática *Lumen gentium*. Efetivamente, o título é tão novo quanto a constituição.

Incorre-se em postura contraditória quando se elogia a constituição em apreço e o que ela trouxe de benéfico para a vida da Igreja, e, de outro lado, desconfia-se do título mariano. Todos devemos nos congratular com a constituição *Lumen gentium* e acolhê-la como documento maravilhoso, que ilumina todo o mistério da Igreja. Mas, da mesma forma, temos de nos regozijar com a proclamação do título *mãe da Igreja*, o qual, "com admirável síntese, expressa o posto reconhecido pelo concílio a Maria dentro da Igreja". Tão saudável é a novidade da constituição em si como a novidade do título mariano, porque realmente se trata de "novidade" única, vista tanto pelo prisma da Igreja composta de homens quanto pela perspectiva marial. Uma mesma luz que se pode contemplar de distintos pontos de vista.

As presentes reflexões são suficientes para mostrar que todo avanço genuíno na compreensão do mistério da Igreja é acompanhado por um avanço paralelo na compreensão do mistério de Maria. Desse modo, é impossível gozar de boa mentalidade eclesiológica se se examina tudo com receio ou imbuído da ideia de que, no que tange a Maria, devem ser evitados os chamados "excessos". A mentalidade minimalista ou qualquer outra percepção deformada acerca do papel de Maria dificilmente se compatibiliza com uma mentalidade eclesiológica serena e equilibrada. Com este vezo, então, não é possível adquirir ideia exata sobre o mistério da Igreja. E o pior de tudo é que a deformação doutrinal, em qualquer sentido, fatalmente empobrece e obscurece o mistério de Jesus Cristo.

Cristo, Maria e a Igreja são inseparáveis. Um dos principais vínculos de conexão é a maternidade de Maria, quem, "por ser mãe de Cristo segundo a carne, é, também, espiritualmente, nossa mãe, mãe da Igreja"[39].

---

[39] São Paulo VI. Alocução de 25/10/1969 em Santa Maria Maior, na presença dos membros do sínodo extraordinário então celebrado (AAS, t.61, p. 723).

Pois bem, como se afirmou anteriormente, a maternidade de Maria com relação a Cristo serve, antes de tudo, para ajudar-nos a conhecer a Cristo tal como ele é, Filho de Deus e filho do Homem. Não é igualmente necessário que digamos algo parecido acerca das relações entre a maternidade espiritual de Maria e o mistério da Igreja? Não será essa maternidade que nos auxilia eficazmente a ter um sentido exato da Igreja? Eu creio que sim. As funções de Maria para com a Igreja não são mais que prolongação das funções que ela exerce relativamente a Jesus Cristo.

Toda a ação de Maria na Igreja traz o selo de sua maternidade e serve para expressá-la[40]. O estudo que segue pretende esclarecer o tema da maternidade mariana sob um aspecto particular, ou seja, tal como se manifesta nos sacramentos e através dos sacramentos. Claro que, sendo os sacramentos, sobretudo a eucaristia, o centro da vida da Igreja, mais de uma vez será necessário tecer considerações de índole geral. Mas, em todo caso, o objeto próprio da exposição permanece limitado ao esclarecimento do nexo que existe entre as funções maternais de Maria e os sacramentos.

---

[40] G. Philips. *A Igreja e seu mistério no Concílio Vaticano II*, t. 2.º, Barcelona, 1969, pp. 273-280, 363-365.

II. Maternidade de Maria e sacramentos em geral

O Concílio Vaticano II falou repetidas vezes acerca da função materna da Virgem em relação à totalidade dos fiéis. Trata-se de maternidade que começou com o consentimento de Maria ao anúncio do anjo e que não cessará jamais, pelo contrário, manifestar-se-á cada vez com maior plenitude até que alcance sua absoluta consumação no dia em que todos os eleitos entrem na "casa" do Pai. É função materna inteiramente subordinada à mediação de Cristo, porém, ao mesmo tempo, assaz real.

"A Igreja – ensinou o Vaticano II – não hesita em proclamar esse múnus subordinado de Maria, pois sempre de novo o experimenta e recomenda-o ao coração dos fiéis, para que, encorajados por esta maternal proteção, mais intimamente adiram ao mediador e salvador"[1]. "Maria é verdadeiramente mãe dos fiéis em cuja *geração* e *formação* coope-

---
[1] LG 62c.

ra com amor materno, conforme afirmou também o concílio"[2].

Por tudo isto, o papa são Paulo VI proclamou-a mãe da Igreja, com o desejo e esperança de que todos os fiéis se dirijam a ela sobretudo com este título de mãe e vivam uma piedade baseada no crescimento de sentimentos que semelhante título desperta[3].

Toda a vida da Igreja, bem como a vida de cada fiel em particular, centra-se principalmente nos sacramentos e, sobretudo, na eucaristia. Se a Virgem é mãe de verdade, como o Vaticano II e são Paulo VI proclamam, sua ação não pode estar ausente dos sacramentos, mas deve conduzir-nos através deles com intensidade maior que qualquer outro meio disponível ao cristão.

Conforme o Vaticano II, o mistério santificante que a Igreja realiza pelo batismo vincula-se à função materna de Maria[4]. Entretanto, como o batismo, por sua vez, ordena-se à eucaristia, a Virgem – continua dizendo o concílio – atrai todos os fiéis ao sacrifício de seu Filho[5], isto é, ao sacrifício da missa, na qual se renova sacramentalmente o sacrifício da cruz.

Estes ensinamentos do Vaticano II, que se referem expressamente aos sacramentos, podem e devem ser aplicados a todos os sacramentos. Mediante

---

[2] LG 63.
[3] São Paulo VI, alocução de 21/11/1964, no encerramento da terceira etapa conciliar: AAS, t. 56, p. 1015.
[4] LG 64.
[5] LG 65.

todos os sacramentos, o cristão estabelece especial contato com a obra salvífica de Maria e recebe dela especial influxo, que o empurra sempre na direção de Jesus Cristo. É evidente que não se pode pensar em uma maternidade mariana que crie distância entre os homens e o salvador. Nenhuma pessoa esteve, nem está, nem jamais estará tão unida a Cristo como a Virgem e tampouco nenhuma pessoa teve tanto interesse em que os homens se entreguem totalmente a Cristo.

Maria e a redenção

Como é possível que a Virgem atue pelos sacramentos? Para entender esta misteriosa realidade, é necessário, antes de tudo, eliminar a ideia de uma espécie de "presença real e substancial" da Virgem, que possa ter alguma analogia com a presença de Cristo na eucaristia. Maria não se faz presente *desse modo* em nenhum sacramento. Sem embargo, disto não se conclui que não ocorra a ação mariana; a revelação divina nos ensina que Jesus Cristo se faz presente na eucaristia de modo único e que, ao mesmo tempo, atua mediante todos os sacramentos.

Uma vez superada esta primeira dificuldade, é preciso seguir avançando, para se lograr uma compreensão positiva do mistério, à medida que dita compreensão seja possível a nossa inteligência. Os sacramentos são os meios privilegiados, através dos quais os homens participam da obra da redenção. Desta feita, quem admite a ideia da participação da Virgem na redenção, consequentemente, admitirá, também, a ideia da parte que lhe cabe na obra da santificação que se realiza por meio dos sacramentos.

A Virgem participou da redenção? Sem dúvida nenhuma. O Vaticano II afirma que Maria "consagrou-se totalmente, como serva do Senhor, à pessoa e obra de seu filho, servindo sob ele e com ele, por graça de Deus onipotente, ao mistério da redenção"[6]. Anos antes, o papa Pio XII havia dito: "Deus quis que, na realização da redenção humana, a santíssima Virgem estivesse inseparavelmente unida a Cristo, tanto que nossa redenção é fruto da caridade de Jesus Cristo e dos seus padecimentos associados intimamente ao amor e às dores de sua mãe"[7].

A participação da Virgem na obra da redenção não era, certamente, necessária para salvar os homens. Procede do puro beneplácito divino e se baseia totalmente na graça de Jesus Cristo[8]. Todavia, falar de beneplácito divino e da graça não significa negar a participação da Virgem, pelo contrário, uma vez que o beneplácito divino dispôs as coisas desse jeito, nós não temos nenhum poder de mudá-las; devemos aceitá-las tal como Deus quis e, de fato, continua querendo. Quem agisse de outro modo não co-

---

[6] LG 56.
[7] Pio XII, encíclica *Haurietis aquas*: AAS, 48(1956), p. 352.
[8] LG 60.

meteria apenas uma desatenção para com a Virgem, mas ofenderia a Deus e isto é muito mais sério.

O papa são João XXIII, meditando sobre a função da Virgem na obra da redenção, dizia que "quem se recusa a se refugiar nela [em Maria] põe em perigo a própria salvação"[9]. Ninguém pode se salvar, se deliberadamente rechaça o plano de Deus ou alguma de suas partes constitutivas. Se Deus, por libérrima vontade, quis e quer que a Virgem esteja presente em toda a obra salvífica, quem se afasta de Maria coloca-se, evidentemente, fora do caminho da salvação.

Dupla perspectiva da com-paixão mariana

Feitas as considerações gerais acima, é necessário agora pensar um pouco sobre algumas aplicações aos sacramentos, iniciando pelo supremo sacramento, que é o sacrifício da missa. A participação da Virgem na santa missa deve ser compreendida de modo análogo a sua participação na cruz. No calvário a Virgem fez muito mais do que presenciar a morte de seu filho. Reduzir a participação de Maria à mera presença sensível seria desvirtuar por completo o ocorrido. A fé da Igreja se expressa mui exatamente com a palavra *compaixão*: a morte padecida pelo filho foi *com-padecida* pela mãe. O fim a que se ordenava a *com-paixão* é o mesmo a que se ordenava a *paixão*, vale dizer, a salvação dos

---

[9] São João XXIII, carta apostólica *Aetate hac nostra* (27/4/1959). *L'Osservatore Romano* (29/4/1959), p. 1, col. 1.

homens. Somente quando se pensa nesta salvação, pode-se encontrar um sentido à *paixão* do filho e à *com-paixão* da mãe.

Se quisermos compreender em plenitude a união da Virgem com Cristo na obra da redenção, devemos, ainda, arrostar os fatos por outra perspectiva. A *com-paixão* da Virgem exprime não somente o conjunto dos atos pelos quais ela se identificou com seu filho, mas também o fato de este Filho assumir a dor de sua mãe e incorporar essa dor a sua própria morte. Deste modo, a *com-paixão* adquire novo valor, porque já não depende apenas da iniciativa da Virgem, nem do mérito de sua caridade para com Cristo e para com a totalidade dos homens, pois, sendo tudo isto, é, ademais, uma realidade desejada positivamente por Cristo, tomada por ele e fundida ao mistério de sua própria morte redentora. Cristo, ao morrer, tomou para si a dor e a caridade de sua mãe, fundindo-as em sua própria dor e caridade, para oferecer tudo ao Pai, em uma única oblação, com vistas na redenção da humanidade. Foi Cristo o único que efetivamente morreu na cruz. Nada obstante, foi ele também que quis assumir e fusionar sua morte à cooperação da Virgem, isto é, todos os padecimentos de Maria e toda sua caridade maternal dirigida aos homens.

Neste momento, parece-me fácil proceder à aplicação ao sacrifício da missa. Na missa, é Jesus Cristo o único que se imola sacramentalmente. Porém, sendo esta imolação a renovação incruenta do episódio da cruz, realiza-se com o mesmo conteúdo que se verificou na cruz, ou seja, inclui inseparavelmente a cooperação da Virgem: sua *com-paixão*, inspirada na máxima caridade que uma pura criatura já teve para com Deus e para com os homens. Toda vez que se participa da missa, oferece-se de novo ao Pai o sacrifício de Cristo e a *com-paixão* de Maria, porquanto a referida *com-paixão* foi fundida por Cristo a sua própria morte, da qual jamais poderá ser separada. Consequentemente, os homens não recebem por meio da missa nenhuma graça que não passe pela ação de Maria ou que leve de alguma maneira seu "selo".

As reflexões anteriores podem ser aplicadas a outros sacramentos, tendo em conta a índole peculiar de cada um. Disto trataremos mais adiante, ao estudarmos a ação de Maria em cada sacramento particular. Por ora, bastará recordar um princípio fundamental, qual seja: todos os sacramentos se encontram estreitamente vinculados com a cruz e com a morte de nosso Senhor. A morte de Cristo assume, incorpora e contém toda a cooperação mariana. Assim, todos os sacramentos possuem relação com a Virgem e estão efetivamente vinculados a ela. Cuida-se de vinculação estabelecida por Cristo. Na prática, o homem não pode nem prescindir dessa vinculação nem desconhecê-la.

Complementaridade subordinada

A fim de captar o alcance da *com-paixão* mariana enquanto assumida por Cristo e por ele inserida em seu próprio mistério, pode ser útil refletir um pouco sobre uma ideia expressada por são Paulo VI. Segundo o papa, a Virgem encarna uma "*complementaridade subordinada referente ao desígnio ... soteriológico de Cristo*"[10]; os dons singulares que foram outorgados a Maria têm por objetivo capacitá-la ao cumprimento de tão alta missão.

Falar de *complementaridade* poderia dar a impressão de que se considera a obra de Cristo incompleta ou de que necessita de complemento. São Paulo VI não quer dizer isso. Em primeiro lugar, trata-se de complementaridade *subordinada*, pois não se pode pensar que a Virgem, ou qualquer outra criatura, esteja ao nível de Cristo, por quem e para quem foram criadas todas as coisas[11]. Além de ser subordinada, a *complementaridade* há de ser entendida ao lume do *desígnio soteriológico de Cristo*; em outras palavras, é assumida por Cristo, porque somente deste modo pode pertencer à salvação que ele realizou.

Entendida desta maneira e assim enquadrada a cooperação de Maria, a fórmula de são Paulo VI se presta muito bem para destacar a participação mariana na obra da redenção. Maria intervém de modo ativo na reconciliação dos homens com Deus, apesar de sempre subordinado e em virtude da graça de Cristo.

---

[10] São Paulo VI, homilia de 17/10/1971, na beatificação do pe. Maximiliano Kolbe. *Ecclesia* (20/11/1971), p. 9ª (2141): AAS, t. 63, p. 821.
[11] Jo 1, 3; Cl 1, 15-17. A aplicação explícita ao caso concreto da Virgem se faz no Concílio Vaticano II em LG 62b.

A *complementaridade* de Maria se mostra ainda, mais compreensível se a considerarmos à luz das relações existentes entre as origens da humanidade e a redenção da qual "nasce" uma *nova* humanidade, no sentido tantas vezes expresso pelos escritores do novo testamento. O plano de Deus, cumprido em Cristo, é restauração, retorno ao que inicialmente havia sido a humanidade, mas retorno bastante melhorado e enriquecido com os dons singularíssimos que Cristo trouxe ao mundo[12].

A ideia do retorno ou da humanidade nova é sumamente apropriada para compreender que ao lado de Cristo, *novo Adão*, deve estar presente Maria, na qualidade de *nova Eva*. A tradição da Igreja amiúde repete o pensamento de que Deus, para reparar ou restaurar a humanidade, tomou os elementos do plano primitivo, substituindo umas pessoas por outras, mas fazendo com que quem levasse a cabo a restauração estivesse prefigurado pelos progenitores do gênero humano. Deus salva o mundo, reassumindo seu plano primitivo de utilizar para esta obra não somente o homem, mas igualmente a mulher, que é Maria.

Esta relação entre a humanidade redimida e a humanidade original seria *para nós* muito menos clara se faltasse a cooperação de Maria com Cristo, em dependência dele. O conhecimento pleno das origens da humanidade, no que tange à situação salvífica, chega até nós, sobretudo através da pessoa

---

[12] É o pensamento amplamente desenvolvido por são Paulo em Rm 5, 12-21.

e da obra de Cristo. Por outro lado, as origens nos ajudam a compreender certos aspectos da obra de Cristo que, de outro modo, nos passariam despercebidos. O que não é mais que expressão e consequência da unidade que reina na ordem da graça através de todos os tempos. Para se ter uma ideia adequada da graça recebida pelos progenitores da humanidade no primeiro momento de sua existência, é necessário chegar até Cristo vivente entre os homens e até sua gloriosa manifestação no último dia. Entretanto, para entender corretamente a vinda de Cristo e sua gloriosa manifestação final, não podemos prescindir das origens da humanidade nem da situação em que, então, vivia o homem. O estado de justiça original e o pecado original são realidades com as quais é mister contar, se se quiser entender a obra de Cristo.

Voltemos ao tema mariano. Ainda que Maria não acrescente nada à obra de Cristo e tudo quanto ela realizou se deve integralmente à graça que dele recebeu, nada obstante, podemos e devemos afirmar que Maria encarna verdadeira complementaridade, consistente em nos facilitar a compreensão de um elemento preciso do plano de Deus, a saber, que Deus quis que assim como a mulher contribuiu com a ruína da humanidade, assim também outra mulher – Maria – contribuísse com a restauração da humanidade[13].

---

[13] LG 56.

É Deus quem introduz no plano salvífico a presença da mulher, de uma mulher concreta, que é Maria. Mas, é, também, Deus quem decide que a presença e ação desta mulher tenham valor salvífico apenas em virtude de sua relação com Cristo e em dependência dele, pois somente ele, enquanto Deus e homem, é o verdadeiro e único mediador.

Ao lado de Cristo e subordinada a Cristo, a Virgem encontra-se incluída no plano pelo qual Deus se revela, se comunica e coloca os homens em comunhão com ele. Relativamente a outros aspectos da função relevante de Maria se discorrerá quando abordarmos o sacramento da ordem e o sacramento do matrimônio[14]. Por ora, será suficiente reter a ideia e as palavras de são Paulo VI sobre a *complementaridade subordinada* que, na obra soteriológica de Cristo, compete a Maria.

Suposta a complementaridade, o influxo de Maria sobre os sacramentos e, mediante eles, sobre os homens, mostra-se clarividentemente esclarecido. É um influxo que pode ser também qualificado de *complementário*, no sentido anteriormente explicado, ou seja, enquanto expressa um aspecto do influxo salvífico que Cristo quer exercer sobre os homens e que, de fato, exerce, servindo-se, para tanto, da complementaridade subordinada de Maria.

---

[14] Na exposição deste sacramento, não se dedica um capítulo especial à função relevante de Maria, mas a ideia está presente como fundo a informar todo o conjunto.

Uma hipotética negação desse tipo de influência ou influxo mariano equivaleria a desfigurar de modo bastante radical os liames entre os sacramentos e a obra salvífica de Cristo. Com efeito, os sacramentos não mudam a redenção, não acrescentam elementos novos, nem tiram nada. Através dos sacramentos, comunica-se a redenção tal como ela é, tal como Cristo a efetivou. Se, pois, se nega que a ação mariana exerça um influxo santificante nos homens, por intermédio dos sacramentos, nega-se, pela raiz, a *complementaridade subordinada de Maria*. Isto é exatamente o que não se pode aceitar. Porque, desde o momento em que Cristo quis associar a Virgem consigo, a fim de que, subordinadamente, cooperasse com a obra salvífica, negar a cooperação complementária e subordinada da Virgem é negar uma parte da obra de Cristo e de sua graça, com a qual Maria prestou a aludida cooperação.

Conforme são Paulo VI, "o conhecimento da verdadeira doutrina católica sobre a santíssima Virgem será sempre a chave para entender exatamente o mistério de Cristo e da Igreja"[15]. Com estas palavras, o papa anuncia um princípio geral que é necessário aplicar aos diversos casos concretos, entre os quais a redenção de Cristo e os sacramentos que ele instituiu e "entregou" à Igreja. A Virgem guia a inteligência do crente e dá a chave para captar o conteúdo do mistério da redenção e o modo como os sacramen-

---

[15] Alocução de 21/11/1964, no encerramento da terceira etapa conciliar: AAS, t.56, p. 1015.

tos aplicam a redenção aos homens. A inteligência que, hipoteticamente, prescindisse de Maria, incapacitar-se-ia para compreender estes mistérios.

A voz dos fatos

Os fatos demonstram com evidência a vinculação que existe entre Maria e os sacramentos. Assim, o tema adquire novo aspecto. Efetivamente, não se pode dizer que aqui se ventile um problema apenas de ideias; entram em jogo também realidades que têm enorme repercussão na vida cristã e na prática do cristianismo. Quando o povo de Deus tem profunda fé nos sacramentos e os recebe com frequência, então, germina espontaneamente a piedade mariana. Parece-me que o motivo é simples e se manifesta a nós por meio do sumo sacramento, é dizer, através da eucaristia. Na eucaristia, Cristo se dá a nós como ele é, ou seja, como filho de Maria, e, a partir deste sacramento, pede que a amemos, porque é sua mãe. A fé não aceita que onde está Cristo reine completo silêncio a respeito de sua mãe. Como Cristo poderia calar-se em relação a ela?

A vida da Igreja testemunha analogamente o fenômeno inverso. Onde quer que reine a piedade mariana, tem-se em grande estima a recepção dos sacramentos e o culto da eucaristia. Lourdes e Fátima são exemplos mundialmente conhecidos, onde se mostra com evidência que a piedade para com a mãe orienta-se eficazmente para o filho. Na história da Igreja, a renovação eucarística e o reflorescimento da piedade mariana são movimentos sincrônicos.

Infelizmente, a história também mostra a conexão entre o abandono de uma séria piedade mariana e o consequente descuido a respeito dos sacramentos. Creio que o que ocorre com frequência nos nossos dias é exemplo bem claro, a propósito do qual não é mister tecer largo comentário.

A cooperação salvífica de Maria está totalmente imersa na obra de Cristo e, de modo principal, na sua morte. Portanto, a verdadeira piedade mariana será aquela que ponha os homens em contato com a morte de Cristo, é dizer, com sua pessoa e a totalidade de seu mistério. Este contato se obtém principalmente pela cuidadosa e diligente recepção dos sacramentos e pela ativa participação no sacrifício da missa. Nesse sentido decerto deve estar orientada a piedade mariana e, assim, se mostrará que é bem entendida e praticada.

Os sacramentos põem os fiéis em contato com a Virgem. A Virgem conduz os fiéis aos sacramentos para que, por meio deles, se unam plenamente com Jesus Cristo.

Um sinal de natureza ecumênica

A voz dos fatos, que qualquer um pode comprovar no interior da Igreja católica, robustece-se quando observamos o que realmente ocorre com denominações cristãs fora da Igreja. Tratando-se da Virgem e dos sacramentos, as confissões separadas do oriente ou não discrepam da Igreja católica ou, em todo caso, não apresentam discrepâncias radicais[16]. De outra banda, a vida sacramental e mariana dessas confissões religiosas possui notória intensidade. Poderíamos fazer comprovações análogas as que indicamos aqui. Dado, pois, tratar-se de situação muito parecida, não é necessário dizer nada sobre os orientais cismáticos.

Por outro lado, o protestantismo e, em menor medida, a comunhão anglicana, tanto sobre os sacramentos quanto sobre Maria, discrepam notavelmente da Igreja católica[17]. Pois bem, o fato de que a distância entre ambas as partes seja, no geral, muito grande, imprime maior força aos fenômenos que se observam e os converte em sinal capaz de chamar a atenção de quem os examine serenamente.

O movimento ecumênico dentro do protestantismo é demasiado complexo para resumi-lo agora em poucas palavras. Mas, certamente, pode-se afirmar que realiza avanços na esfera litúrgico-sacramental e no âmbito mariano.

No que tange ao primeiro (ordem litúrgico-sacramental), o fato é bem notório, sobretudo em matéria eucarística. São frequentes os casos de fiéis

---

[16] Para se ter uma ideia sumária do que pensa a Igreja católica sobre a fé dessas denominações relativamente à Virgem e aos sacramentos, veja-se o que o Concílio Vaticano II, por exemplo, diz em LG 15 e 69; UR 14-15; OE 24-27.

[17] Veja-se o que diz a respeito do assunto o Vaticano II em UR 20 e 22.

de diversas confissões protestantes que professam no sacramento da eucaristia uma fé cada vez mais próxima à crença católica. Não se pode afirmar que a fé eucarística dos fiéis mencionados seja compartilhada pela generalidade da confissão a que pertencem; porém, estão longe de constituir exceção. Seu número cresce cada vez mais e constitui força de renovação litúrgica das próprias confissões e da posição confessionalmente mantida[18].

Para se compreender a importância da transformação que se está realizando, é significativo o documento sobre a eucaristia elaborado pelo "Grupo de Dombes", com trinta e duas assinaturas, entre protestantes e católicos[19]. O texto não tem *status* propriamente confessional, isto é, não compromete as confissões enquanto tais, porque não deixa de ser a elucubração de apenas alguns teólogos. Sem embargo, o simples fato de que um grupo de protestantes percebeu a necessidade de trabalhar com os teólogos católicos sobre temas tão importantes e se chegou a um acordo não acerca de toda a doutrina eucarística, mas acerca de muitos pontos centrais, obriga-nos a reconhecer que o texto do acordo é indício da existência de um ambiente amplamente expandido. Já

---

[18] Sobre a renovação litúrgica das várias confissões protestantes, assim como sobre o influxo que se deu para a recuperação do conceito de catolicidade e de outros muitos valores eclesiais, veja-se a obra de W. Beinert, *Um das dritten Kirchenattribut*, Essen, 1964.

[19] A versão castelhana do texto encontra-se em *"Unidad Cristiana"*, 22 (1972), 262-267 (com um breve comentário do protestante Max Thurian, pp. 268-271).

não se pode dizer que a mudança afeta fiéis isolados, pois é evidente que se manifesta em amplos setores, revestindo caráter notoriamente comunitário.

Os signatários do texto de Dombes se referem explicitamente à situação interconfessional da França (n. 3). Todavia, o conteúdo doutrinal não está limitado por fronteiras nacionais. À força do movimento teológico se soma a influência dos institutos religiosos, – a estas entidades pertencem alguns dos signatários – com notável crescimento na seara protestante.

No que diz respeito à Virgem Maria, o protestantismo emplaca também decidido movimento, com o fim de revisar e superar posturas e doutrinas nascidas na polêmica. Já não é fenômeno raro que estudiosos protestantes escrevam livros sobre Maria, expondo uma doutrina que, se ainda dista notavelmente da doutrina católica, sinaliza uma orientação bastante positiva e aberta, particularmente no que se refere às analogias entre a Virgem e o mistério global da Igreja.

Como indício desse novo clima doutrinal sentido no protestantismo, transcrevo algumas linhas da lavra do citado protestante M. Thurian: "Para nós – diz –, a reflexão cristã sobre o papel da Virgem Maria, antes de ser motivo de divisão, é causa de alegria e fonte de oração. Uma vez que Maria cumpriu uma função eminente na encarnação do Filho de Deus, existe uma necessidade teológica, bem como um proveito espiritual, em refletir livremente sobre a vocação de Maria. É a necessidade espiritual de situar Maria, a mulher do evangelho, na nossa piedade; é a preocupação de cumprir uma obra de edificação ecumênica, isto é, útil à piedade pessoal de todo cristão, tudo isto, enfim, nos compele a redigir estas páginas sobre aquela mulher que Isabel, a mãe de João Batista, chamou de *bendita entre todas as mulheres* e a quem todas as gerações proclamam *bem-aventurada*"[20].

A colocação de Maria no campo de estudo teológico, assim como na oração e na piedade cristã, encontra-se solidificada de maneira inequívoca. Maria, em virtude da plena fidelidade com a qual cumpriu sua vocação, é modelo excepcional para todo cristão, qualquer que seja a denominação a que se pertença. Portanto, constitui a Virgem vínculo de união entre todos, já que ela impulsiona para a união total. Estas simples ideias permitem captar a mudança radical que se opera no pensamento protestante[21].

---

[20] M. Thurian, *Mariem Mère du Seigneur, figure de L'Eglise*, Taizé, 1963, pp. 7-8. Na página 15 da mesma obra, encontra-se interessante relação de escritos protestantes sobre a Virgem, além da biografia que vai aparecendo ao longo da exposição.

[21] Nem tudo que se escreve sobre a Virgem no protestantismo possui sentido tão positivo. Desgraçadamente, surgem também alguns livros cujo conteúdo não apenas é impossível aceitar, mas que se pode apenas tolerar. Refiro-me ao livro de S. Benko, *Protestanten, Katholiken und Maria*, obra sumamente parcial, que chega a erros inconcebíveis, por exemplo, deixando em suspenso o problema de se a Virgem chegou a ter a fé pós-pascal da comunidade cristã (p. 21), fazendo estranha analogia entre os cristãos de Éfeso, que em 431 aclamaram Maria no momento em que se definiu a maternidade divina, e os outros efésios que, no tempo de são Paulo, aclamaram a "grande Artemisa dos efésios" (p. 121). Nada obstante, não é esta a tônica dos escritos do protestantismo atual com relação à Virgem.

À influência dos estudiosos se acrescenta a piedade mariana, tal como vivida e praticada nas comunidades protestantes que tendem a ser mais numerosas. Deste ponto de vista, merecem especial atenção as comunidades de "diaconisas", assim como os institutos religiosos, masculinos e femininos, que abundam cada vez mais no protestantismo. Alguns destes institutos se posicionam expressamente sob a invocação e o patrocínio da Virgem Maria, em quem encontram estímulo e ajuda eficaz para viver a consagração a Jesus Cristo.

A Congregação das Irmãs de Maria foi fundada em 1947, na cidade de Darmstadt (Alemanha), por M. Basilea Schlink, que explica do seguinte modo o conteúdo e o significado do nome: "este nome que nos foi dado por nosso pai espiritual indica a missão de percorrer o caminho com Jesus, pronunciando um sim incondicional de entrega por amor, como fez Maria. Ela percorreu o caminho como mãe do Senhor, que nasceu e viveu na pobreza e humilhação; sofreu igualmente com ele até que, sob a cruz, realizou-se nela, de maneira mais profunda, a profecia de Simeão: *uma espada traspassará teu coração* (Lc 2,35). A escritura a faz falar assim: *doravante as gerações todas me chamarão de bem-aventurada* (Lc 1, 48). Não era, pois, necessário que nós outras mostrássemos veneração e amor à mãe do Senhor e seguíssemos o exemplo dela"[22]?

---

[22] B. Schilink, *Die evangelische Marienschwesternschaft*: in Lydia Präger, *Frei für Gott und die Menschen. Das Buch der*

Em 1957 fundou-se na Dinamarca a Congregação das Filhas de Maria, que aspira a realizar o ideal da consagração a Jesus "mediante silêncio verdadeiro e vivido diante de Deus, mediante intensa e ordenada vida de oração, mediante a participação na vida e ações da Igreja, incluídos os sacramentos, mediante abertura familiar, mediante a confissão, perdão e expiação dos pecados, mediante obras de amor aos seres humanos que o Senhor nos apresenta. A inspiração mais profunda para tudo isto provém do volver os olhos àquela mulher que foi a primeira a revelar a solução para a vida da mulher: *a Virgem Maria*, a mãe do Senhor. Mediante o serviço, devemos participar mais profundamente em sua vida de pequenez. Tomamo-la por mãe para cada uma em particular e para toda a instituição que, de acordo com a palavra do Senhor, é a *Congregação de Filhas de Maria*. Nosso caminho é *o caminho evangélico de Maria*, ou seja, dizer, a exemplo da mãe do Senhor: *faça-se em mim como tu dizes*"[23]. As religiosas desta congregação portam "um anel de ouro em que está gravado um coração com a inscrição *Jesus-Maria*"[24].

Bruder-und Schwesternschaften, 2ª ed., Stuttgart 1964, p. 116. Este livro é o mais completo que existe para formar-se uma ideia da amplitude que os institutos religiosos têm alcançado no protestantismo. Pode-se consultar, também, W. Schleiter, *Evanlisches Mönchtum? Entwicklung und Aufgabe der Bruder--und Schwesternschaften in der Kirche*, Stuttgart (s.d.); G. Di Agresti, OP, *Risposta a una crisi cattolica: nonachesimo protestante*, Florença (s.d.).

[23] Else Wolf, *Die Congregation Mariens-Töchter*: *in* Präger, *Frei für Gott...*, p. 182.

[24] *Ibidem*, p. 183.

A estes exemplos poderíamos acrescer outros. Mas, o que dissemos basta para se ter uma ideia, ao menos elementar, do que está ocorrendo no protestantismo.

No anglicanismo se podem observar os mesmos fenômenos[25], normalmente mais evidenciados e, portanto, mais próximos do catolicismo. No que diz respeito aos sacramentos, bastará citar o documento sobre a eucaristia, de 7 de setembro de 1971, elaborado por anglicanos e teólogos católicos em Windsor[26]. Não se trata de documento estritamente confessional; o acordo conta somente com a autoridade dos teólogos que o escreveram. Sem embargo, há circunstâncias dignas de se levar em conta, pois os membros da comissão que elaborou o documento foram nomeados oficialmente pelas autoridades das respectivas Igrejas, que tomaram o cuidado de escolher pessoas de países diversos e que representassem mentalidades teológicas também diversas.

Referentemente à piedade mariana, o santuário de Walsinghan pode ser considerado como verdadeiro símbolo do posto que o anglicanismo reconhece à Virgem no âmbito da vida cristã. O movimento de caráter ecumênico que se organizou entre os ca-

---

[25] No que se refere à vida mariana nas comunidades religiosas anglicanas, há informações nas obras de Präger e Agresti, bem como em A. Perchenet, *Renouveau communautaire et unité chrétienne*, Paris, 1967.

[26] A versão castelhana deste documento pode ser encontrada em "*Iglesia-Mundo*", n. 20, de 14/2/1972, pp. 5 e 6; segue nas pp. 7 e 9, um comentário de M. de Tuya, O.P., que situa e valora exatamente o conteúdo do documento em tela.

tólicos, sob a denominação e o *slogan* de *A unidade por Maria*, contou com a adesão ativa de numerosas comunidades anglicanas que se comprometeram a pedir a união entre todos os cristãos pela intercessão da Virgem.

Estas breves reflexões mostram o sincronismo dos movimentos litúrgico-sacramental e mariano no interior do protestantismo e do anglicanismo. Agora, para compreender melhor o alcance deste sinal ecumênico, é necessário avançar um pouco mais. Tais movimentos, sobre serem contemporâneos, estão vinculados casualmente entre si? Parece-me que a resposta deve ser afirmativa. Com efeito, o movimento litúrgico-sacramental estimula o redescobrimento do papel de Maria na história salvífica, sendo que a piedade mariana, de sua parte, compele a um contato mais vivo e profundo com Cristo mediante os sacramentos.

O mútuo influxo causal dos movimentos nem sempre é percebido reflexivamente pelas pessoas que os encarnam. Cuida-se de influxo inerente à natureza das coisas; quem as aceita como são tende à integração de todos os elementos do mistério cristão, ainda que não se formule este princípio com a consciência reflexa ou reflexiva.

Nos institutos religiosos protestantes e anglicanos, é evidente a conexão entre a vida litúrgico-sacramental e a vida mariana. Em muitos casos, estes institutos não somente adotaram a oração das horas, como também se serviram do breviário romano.

Este fato insensivelmente moldou uma mentalidade ante a qual os sacramentos, especialmente a eucaristia, recobram importância central, despertando no fundo da consciência forte aspiração a possuí-los em plenitude. Ao mesmo tempo, semelhante estilo de oração tende a colocar os sacramentos no bojo da história da salvação, no qual a Virgem Maria possui posto único entre todas as criaturas. Não se pode praticar a oração das horas e, ao mesmo tempo, ficar indiferente diante da pessoa, da vocação e da obra de Maria. Demais, quando se usa o breviário romano ou outro livro litúrgico, deparam-se, frequentemente, orações cheias de devoção à Virgem, que não podem deixar de configurar ao espírito mariano a vida de quem reza.

Como no momento de ruptura, o abandono de um elemento do mistério cristão conduz ao abandono de outros, da mesma forma, em sentido inverso, quando se busca seriamente a recomposição da unidade, ao se recuperar uma parte, qualquer que seja, surge uma força que ajuda a resgatar as partes faltantes ou ajuda a aprofundar o que já se possui. Vale dizer, os diferentes movimentos que se observam dentro do cristianismo não são meramente sincrônicos, mas têm entre si vinculações causais.

Precisamente em relação ao ecumenismo, o Concílio Vaticano II falou de "hierarquia de verdades", derivada do *nexo* que cada uma das verdades tem "com o fundamento da fé cristã"[27]. O nexo nem

---

[27] UR 11c.

sempre é o mesmo, mas sempre existe. Pois bem, este nexo se transforma em força vital que impulsiona em direção a tudo que se une ao "fundamento", isto é, em direção a todas as verdades reveladas, de modo que possamos recuperá-las, quando ainda não as possuímos, ou nos aprofundar nelas.

O nexo que na Igreja católica claramente subsiste entre os sacramentos e a pessoa da Virgem Maria, ou entre a vida sacramental (piedade litúrgica) e a vida mariana (devoção à Virgem) manifestar-se-á, outrossim, nos irmãos separados, à medida que avançar o movimento ecumênico.

III. A maternidade espiritual da Virgem e o batismo

O batismo é o sacramento inicial da vida cristã. A vida cristã começa no batismo, não apenas enquanto este sacramento deve ser recebido em primeiro lugar, antes de qualquer outro sacramento, mas, também, e principalmente, no sentido de que o batismo contém a gênese de todas as possíveis vocações cristãs. Nenhuma das vocações cristãs pode ser convenientemente entendida e vivida sem referência ao batismo. Deus distribui vocações diversas, cada uma das quais desenvolve particular "setor" das virtualidades do batismo, isto é, desenvolve alguma das maneiras de viver em plenitude. Só se pode reconhecer o que é realmente o batismo, a partir do momento que se olha para a totalidade das vocações, considerando-as tanto nas particularidades que as distinguem quanto na unidade que as integra dentro do único povo de Deus.

Síntese do influxo batismal e da ação mariana

Se o batismo faz sentir seu influxo na totalidade da vida cristã – do leigo, do religioso, do sacerdote, – tudo quanto é genuinamente cristão tem de estar, de alguma maneira, relacionado com o batismo.

Desde o momento que a Igreja se torna realidade complexa, ninguém pode formar uma ideia exata do que ela é, se o batismo se converter em ponto de vista único. Isto equivaleria a cerrar os horizontes e privar-se da possibilidade de contemplar o mistério da Igreja a partir das várias perspectivas que a compõem. Qualquer forma de exclusivismo, ainda que tome o nome de batismal, mutila o mistério da Igreja, deforma-o e leva a uma visão errada desse mistério.

O influxo materno de Maria é, também, realidade eclesial que afeta todas as manifestações da vida da Igreja; é influxo verdadeiramente universal. O Concílio Vaticano II fala extensamente da ação materna de Maria, relacionando-a tanto com o conjunto da Igreja quanto com os diversos grupos de fiéis que existem no grêmio católico[1].

---

[1] As relações da Virgem com a Igreja na sua totalidade são objeto de extenso desenvolvimento no capítulo oitavo da constituição dogmática *Lumen gentium*, ao qual se pode acrescentar SC 103. Além disso, cada uma das grandes espécies de vocação cristã é colocada em relação direta com a Virgem Maria, em quem cada cristão, qualquer que seja seu gênero de vida, encontra modelo próprio e específico. Sobre a exemplaridade de Maria para com os presbíteros, veja-se PO 18b, com seu complemento em OT 8a; para com os religiosos, LG 46b, PC 2; para

A doutrina conciliar foi compreendida e esclarecida pelo papa são Paulo VI no ato de proclamar a Virgem como "mãe da Igreja, é dizer, mãe de todo o povo de Deus, tanto dos fiéis quanto dos pastores"[2]. Mas, este título carece de sentido, ao se tentar desligar algum elemento da vida da Igreja de sua relação com a Virgem. Ela é mãe de todos os membros do povo de Deus; exerce função materna verdadeiramente universal. Qualquer ulterior exame do assunto precisa partir deste princípio e mantê-lo sempre incólume.

O mesmo papa são Paulo VI completou seu pensamento de maneira assaz expressiva, numa carta de 1.º de maio de 1971, dirigida aos reitores dos santuários marianos de todo o mundo. Nessa carta, sua santidade faz uma afirmação capital que, indubitavelmente, estimula os teólogos a aprofundar o estudo acerca do papel que compete a Maria no conjunto do plano de salvação. "Maria – escreveu são Paulo VI – participou de todos os atos que deram origem e incremento ao corpo místico de Cristo"[3]. Tais palavras proclamam clarividentemente a influência ou

---

os leigos, AA4. Os bispos reunidos em concílio parecem haver esquecido de uma coisa: pronunciar uma palavra explícita sobre o que eles mesmos devem fazer em relação com a Virgem, como consequência das funções que Maria cumpre em relação a eles (além das que cumpre para com todos os presbíteros). São Paulo VI supriu parcialmente esta lacuna, declarando que Maria exerce a maternidade espiritual também em relação com os pastores da Igreja. Veja a referência na nota seguinte.
[2] São Paulo VI, alocução de 21/11/1964, quando do encerramento da terceira fase do concílio: AAS, t. 56, p. 1015.
[3] São Paulo VI, Epístola *Si ex providentia* (1.º/5/1971), "*Ecclesia*" de 20/5/1971, p. 17a (657): AAS, t. 63, p. 472.

influxo universal da Virgem em tudo o que se refere à origem e ao desenvolvimento da Igreja.

Encontramo-nos, pois, diante de dois princípios de influxo universal na vida da Igreja: a Virgem Maria e o batismo. A vida cristã, na integralidade, leva o "selo" da ação mariana e o selo batismal. Seria erro lamentável ligar certa área particular da vida cristã ao batismo, excluindo Maria, como igualmente errônea seria a postura de quem reservasse à Virgem um campo de ação que, hipoteticamente, não sofresse o influxo das virtudes batismais. A vida cristã é toda batismal e está totalmente entregue ao influxo maternal de Maria.

Tudo isto é muito importante, mas não basta. Há que se envidar um esforço de penetração para conseguir, tanto quanto possível, a síntese da ação batismal e da ação mariana.

A síntese é impossível, se não tivermos um princípio que a dirija e a oriente. Qual será esse princípio no nosso caso concreto? É isto que desejo esclarecer agora.

Regeneração batismal e maternidade da Virgem

É próprio do batismo regenerar-nos, produzir em nós uma natureza sobrenatural, que nos faça filhos à semelhança de Cristo, vale dizer, que imprima em nós uma imagem de Cristo[4] enquanto Filho

---

[4] O novo testamento afirma, com inteira claridade, que pelo batismo *nascemos do alto* (Jo 3, 3-7), é dizer, de Deus. De ma-

de Deus desde a eternidade, e enquanto filho de Maria, desde a encarnação. De modo ainda mais unitário, e também – se não me engano – mais exato e mais profundo, deveríamos dizer que o batismo nos faz participar da geração eterna de Cristo, tal como ele mesmo quis adaptá-la a nossa condição humana, nascendo da Virgem[5].

Consideradas nesta profundidade as relações entre a Virgem e o batismo, não somente inexiste oposição ou antagonismo entre os respectivos influxos, mas, pelo contrário, percebe-se perfeita coerência e harmonia. Deste modo, nunca se cairá na tentação de exaltar o batismo, rebaixando Maria, nem tampouco engrandecer a Virgem, subestimando ou olvidando o valor do batismo. O batismo nos comunica uma plenitude de bens, os quais Cristo faz brilhar para nós em sua própria mãe, principalmente nos vínculos que unem Cristo a Maria, de maneira

---

neira mais geral, afirma-se que de Deus *nasce* todo aquele que recebe Cristo (Jo 1, 12-13). Muito bem, segundo o mesmo novo testamento, batizar-se é o primeiro modo ordinário de receber Jesus Cristo. A isto deveríamos acrescentar tudo quanto o novo testamento ensina sobre a vida do cristão, vida que nasce no batismo, e se caracteriza por sua índole filial: o Pai nos faz filhos em seu Filho (Rm 8,29) e nos dá consciência desta filiação, enviando-nos o Espírito de seu Filho (Rm 8, 14-17), Espírito que é comunicado mediante o batismo (Jo 3, 5-8).

[5] Cristo, disse o Vaticano II, "foi concebido do Espírito Santo e nasceu da Virgem, precisamente para que pelo mistério da Igreja, nasça também nos corações dos fiéis" (LG 65). O batismo é um meio típico através do qual a Igreja exerce seu ministério. O que agora importa destacar é que o batismo nos faz nascer e crescer em Cristo, *no modo que Cristo nasceu da Virgem*. Desta feita, o próprio concílio coloca a eficácia do batismo em dependência da exemplaridade maternal e virginal de Maria (LG 64).

que possamos contemplar estes vínculos sob forma adequada a nossa condição humana. O liame que pelo batismo se estabelece entre todos os batizados e a Virgem guarda analogia, ainda que muito remota, com a relação que Cristo quis estabelecer com sua mãe, pelo fato de nascer dela.

Creio que nunca se compreenderá o batismo em profundidade, se cairmos na tentação de desvinculá-lo do mistério pelo qual o Filho de Deus quis fazer-se filho de Maria e nascer dessa mulher.

Devemos avançar mais no nosso raciocínio, a fim de descobrir nova perspectiva da função regeneradora de Maria, verdadeiramente maternal, e a relação desta realidade com o batismo.

O batismo nos engendra para a vida sobrenatural, vale dizer, para uma vida que nenhum de nós pode viver solitariamente, isolando-nos dos demais irmãos, mas, conduz-nos à formação de uma "família" e à convivência familiar. A Igreja é mais que a soma de individualidades; é a família dos filhos de Deus, obrigados a amar-se e ajudar-se no caminho da santidade.

A escritura sagrada, ao falar da vida cristã, está cheia de conceitos sacados do âmbito da família. Deus é nosso Pai[6]. Cristo quis fazer-se nosso "irmão maior" ou o primogênito entre muitos irmãos[7].

---

[6] A paternidade de Deus é uma ideia tão repetida na sagrada escritura, desde o antigo testamento, que não é necessário nenhum esforço para documentá-la. Para ofertar alguma referência bíblica, vejam-se Mt 6, 9-13 (a oração do Pai-nosso); 6, 25-34 (confiança na providência do Pai celestial).

[7] Rm 8, 29.

Todos nós somos irmãos em Cristo e constituímos a família de Deus neste mundo[8].

Em conformidade com estas ideias bíblicas, o Concílio Vaticano II, repetidas vezes, apresenta a Igreja não só como povo de Deus, mas também como sua família, a qual, internamente, está vocacionada a crescer e desenvolver-se até a santidade pessoal ou a identificação de cada batizado com Cristo e, externamente, até alcançar as dimensões da humanidade[9].

O montante de bens inerentes aos conceitos referentes à família, que acabo de mencionar, nos é comunicado pelo batismo. Efetivamente, este sacramento produz em todos nós igual regeneração, é dizer, faz-nos estabelecer uma relação com o Pai e, por conseguinte, nos transforma em irmãos.

Parece-me que não pode haver dificuldade sobre este ponto, uma vez que se trata de ideias que todos temos assimilado desde nossa primeira formação cristã, ainda que nem sempre nossa vida prática seja reflexo de nossas convicções.

A questão doutrinal que desejamos esclarecer aqui é acerca da presença e da ação de Maria em todo este processo constitutivo da grande família de Deus neste mundo: a Igreja.

O Concílio Vaticano II ensina expressamente que a Virgem "coopera, com amor materno, na geração e educação dos fiéis"[10]. O conceito de educação

---
[8] Mt 23, 8.
[9] Vejam-se LG 6d; GS 40b.
[10] LG 63.

não nos interessa por ora. O centro da afirmação conciliar reside na ideia de geração, sobre a qual é preciso refletir um pouco.

O batismo gera em nós a vida da graça. A Virgem nos gera a mesma vida. Encontramo-nos, pois, diante de *geração batismal* e *geração mariana*. Seria um erro entender estas duas gerações, como se se tratasse de realidades distintas, é dizer, como se os cristãos tivessem de nascer para a vida cristã duas vezes e por dois modos distintos. É evidente que tal dualismo não pode ser aceito, porque se opõe aos dados mais elementares.

Por conseguinte, é imperioso equacionar geração batismal e geração mariana, mostrando que se trata de uma única geração que nos faz nascer para a vida cristã, se bem que apresentadas, tanto a geração como a vida que dela brota, sob perspectivas distintas. Mas, exatamente por serem perspectivas distintas de uma mesma realidade, é necessário integrá-las em uma visão unitária.

A fim de lograr este escopo, faz-mister desvendar o conteúdo de índole familiar da vida cristã. Considerando a questão de maneira teórica, é evidente que a índole familiar da vida cristã poderia ser explicitada tão só recorrendo-se à suprema e transcendente paternidade de Deus, porque nela está contida, de maneira eminente, tudo quanto pode representar qualquer maternidade humana, incluindo a da Virgem. Mas, na vida cristã o mero recurso à "teoria" é tentação perigosa. Efetivamente, em tese, nossa filiação adotiva e a índole familiar do cristianismo poderiam ser explicadas sem alusão ao batismo e, até mesmo, sem referência à encarnação, à paixão, à morte e à ressurreição do Filho de Deus. Nem o batismo, nem os outros mistérios de Jesus Cristo acrescentam nada propriamente à paternidade que compete a Deus, em virtude da perfeição infinita da natureza divina. Entretanto, esta forma de raciocínio deve ser descartada, já que leva diretamente a negar ou pôr no esquecimento os fatos reais e os elementos essenciais da redenção e da vida cristã, através dos quais Deus quer mostrar-nos sua paternidade e incorporar-nos a sua família. A paternidade de Deus torna-se efetiva em cada um de nós pela virtude dos mistérios de Jesus Cristo, aplicados a nós pelo batismo. Somente nesta visão unitária e integradora, é possível obter a ideia exata do plano de Deus.

Por conseguinte, o fato de que a presença de Maria não seja "teoricamente" necessária para explicar a índole ou natureza familiar da vida cristã, não pode ser levado em conta em um raciocínio sereno, completo e exato acerca deste tema. O que verdadeiramente interessa é o exame com critério positivo, considerando-se os fatos, isto é, o modo como a Virgem contribui para que nós descubramos o conteúdo familiar do cristianismo.

A Igreja é a família de Deus. Mas a família de Deus composta de homens, os quais necessitam de recursos humanos para descobrir e assimilar tudo o que existe de conteúdo familiar. Precisamente nesta tarefa ajuda-nos Maria. Na esfera humana, é impensável uma família sem a ação materna. Este fato condiciona de tal modo o ser humano que certas realidades da ordem da graça não serão descobertas em plenitude, se não for mediante a ideia de mãe e da função que a mãe desempenha. A Igreja é uma família na qual tudo procede do Pai, de Deus; mas, este Pai quis dar aos homens, na ordem da graça, uma mãe, cuja função primordial consiste exatamente em nos fazer descobrir, com maior facilidade e com maior profundidade, as riquezas da paternidade divina.

Maternidade da Virgem e paternidade de Deus não são conceitos contrapostos nem realidades antagônicas, que tendem a limitar-se e excluir-se mutuamente. Mediante a maternidade da Virgem, nosso Pai-Deus quis oferecer-nos nova possibilidade de conhecer melhor a paternidade divina. A Virgem, com sua função maternal, nos auxilia a formarmos uma ideia mais exata e mais profunda da paternidade de Deus, "de quem toma o nome toda família, no céu e na terra"[11].

Compreensão do batismal e do mariano

Parece-me que toda a análise precedente obterá esclarecimento definitivo, se a considerarmos à luz do mistério da encarnação do Verbo. Cristo é o Filho

---

[11] Ef 3, 15.

de Deus e filho da Virgem. Por ser Filho de Deus, revela-nos de modo absolutamente perfeito a paternidade divina; porém, ao mesmo tempo, sendo filho de Maria, mostra-nos que a paternidade divina não somente não exclui a maternidade humana, mas, pelo contrário, serve-se dessa maternidade para se manifestar melhor aos homens.

Sem a presença maternal de Maria, os cristãos teriam ideia muito menos perfeita da paternidade de Deus. Ninguém que verdadeiramente creia que Cristo é, com toda propriedade, Filho de Deus e filho de Maria, poderá fazer objeções de fundo contra esta doutrina, embora, é claro, sempre seja possível, e mesmo necessário, avançar no seu entendimento e aprimorar a exposição. Contudo, trata-se de progresso e melhoramento homogêneos, isto é, que se mantêm nos limites ora declinados, tomando como ponto de partida o mistério da encarnação do Verbo.

Uma vez alcançada a coordenação entre paternidade divina e maternidade de Maria, parece-me fácil compreender como a *geração batismal* e a *geração mariana* não correspondem a duas gerações ou a dois nascimentos distintos, mas apenas a um e o mesmo, considerado a partir de duas perspectivas complementares.

Deus nos regenera mediante um batismo que se situa na totalidade do plano salvífico, no qual Deus mesmo quis a existência e a presença maternal da Virgem, para imprimir em nós o fruto da sua própria paternidade. Vale dizer, o batismo nos regenera mediante uma regeneração na qual já está presente toda a influência maternal que a Virgem exerce por disposição da vontade de Deus. Analogamente, a Virgem nos regenera, canalizando sua ação através do sacramento da regeneração, que é o batismo.

Para o cristão, não se trata jamais de escolher entre geração batismal ou geração mariana. No plano de Deus, o batismal é mariano e o mariano é batismal. O batismo nos comunica o fruto da participação da Virgem no mistério da salvação. E a Virgem faz chegar até nós esse fruto, mediante o batismo.

A maternidade da Virgem, referente a Jesus Cristo, que é o único salvador de todos os homens, ilumina de modo definitivo a função materna que ela mesma exerce referente aos homens, assim como alumia as relações dela com o batismo, sacramento de regeneração.

Batismo e maternidade de Maria em perspectiva ecumênica

Segundo são Paulo VI, Maria é o "centro maternal da unidade"[12] e "mãe da unidade" que, com sua oração, alcançará a plena integração dos irmãos separados "na única Igreja fundada e querida por Cristo"[13]. A unidade é um bem genuinamente cris-

---
[12] São Paulo VI, alocução na audiência geral de 18/11/1964: *Ecclesia* 2/1/1965, p. 9b (9).
[13] São Paulo VI, homilia na festa da purificação, 2/2/1965: AAS, t. 57, pp. 251 e 252.

tão, que chega aos fiéis por via de geração ou como fruto da maternidade de Maria. A mesma unidade está compreendida também na graça de regeneração produzida pelo batismo. Maternidade de Maria e sacramento do batismo encontram na unidade um peculiar ponto de contato, ao qual vamos, agora, dedicar um pouco de atenção.

De acordo com o que dissemos anteriormente, na unidade tudo é batismal e tudo é mariano, porque o fruto da maternidade de Maria não chega ao cristão por via paralela ao batismo, mas se comunica através deste sacramento e brota de seu interior, enquanto vinculado à ação de Maria.

A unidade cristã tem evidentes analogias com qualquer tipo de legítima unidade entre os homens[14]. Porém, seu conteúdo próprio é original e igualmente original é o modo como se comunica aos homens. A unidade entre os cristãos é uma verdadeira graça que, em sendo graça, consiste em uma participação de Deus, que nos faz ser seus filhos e nos impulsiona a desenvolvermos ilimitadamente nossa filiação divina adotiva. Toda graça nos coloca em relação com a paternidade de Deus, pois ou produz a filiação adotiva, ou a aperfeiçoa, ou dispõe-nos para ela, como na hipótese das graças com que o pecador se prepara para a conversão e para receber a graça da justificação. Vale dizer, todos os elementos pertencentes à vida cristã procedem de Deus e se co-

---

[14] GS 42c, 44c.

municam aos homens por via de geração. Aplicado ao caso em tela, significa que Deus nos engendra para vivermos em unidade, na unidade concreta e específica a que se refere Jesus na sua oração pela unidade dos apóstolos e de todos quantos, ao longo dos séculos, hão de crer em Cristo[15].

O sacramento do batismo e a influência maternal de Maria devem ser referidos a esta unidade concreta[16], que é a unidade do corpo místico ou do povo de Deus. A regeneração batismal é regeneração na unidade e para a unidade de todos os batizados, os quais, portanto, devem formar uma só comunidade salvífica, que "nasce" também no batismo. Este sacramento não pode ser considerado somente em perspectiva individual, já que uma de suas finalidades características consiste em dar origem à comunidade; a regeneração batismal nos engendra a cada um como filho de Deus, unindo-nos aos demais filhos de Deus, originando-se, assim, a comunidade cristã e fazendo de cada um membro dessa família ou comunidade. Como disse são Paulo, "todos nós fomos batizados em um só Espírito, *para constituir um só povo*"[17].

---

[15] Jo 17, 6-26.
[16] O conceito de unidade é fundamental para se entender a obra de Cristo e outrossim o mistério da redenção. São João disse que Jesus veio ao mundo com a missão de morrer; "mas, não só pelo povo (judeu), mas para congregar na unidade aos filhos de Deus que estavam dispersos" (Jo 11,52). Esta ideia capital supõe a caridade, amor a Deus e, por Deus, amor aos demais irmãos, com obediência, em primeiro lugar a Deus e, por ele, à legítima hierarquia nas coisas que lhe são confiadas.
[17] 1Cor 12, 13.

Por sua vez, a maternidade de Maria segue a mesma orientação do batismo. É uma maternidade também ordenada ao corpo do qual Cristo é a cabeça, ou seja, a Igreja universal, porque somente a Igreja é capaz de realizar tudo o que compete ao corpo de Cristo.

Resumindo as ideias acima expostas, é preciso afirmar que Deus nos engendra para a unidade por meio do batismo, no qual deposita o influxo materno de Maria.

As divisões denominacionais ou confessionais implicam limitações na filiação batismal-mariana, guardando perfeita correspondência com as limitações impostas à plenitude de comunhão. A separação não é um fato meramente social; afeta realidades tão profundas como a graça da filiação adotiva.

Nesta matéria é fácil errar, em virtude de visão um tanto quanto superficial do problema. Amiúde se discorre, pensando apenas na *possibilidade de salvar-se*, pressupondo-se, ao menos inconscientemente, que todo o resto é acidental ou que se refere unicamente à organização disciplinar da comunidade cristã. Mas, a separação é ferida que prejudica a filiação adotiva, mais ainda, que lhe inflige verdadeira mutilação, privando-a de algum dos seus elementos integrantes (e dificultando a salvação). Quanto maior a separação, tanto mais profundamente ferida e mutilada se vê a filiação adotiva, ou seja, a filiação concreta que chega ao homem mediante o batismo em que, por vontade de

Deus, atua e se faz efetivo o influxo ou influencia materna de Maria.

Para se formar uma ideia da profundidade da ferida e da relevância da mutilação inerente à separação, pode ser elucidativo o que o Vaticano II afirma a propósito do batismo: este sacramento "constitui o vínculo sacramental da unidade que liga todos os que foram regenerados por ele. O batismo, porém, de per si é só o início e o exórdio que tende à consecução da plenitude de vida em Cristo. Por isso, o batismo se ordena à completa profissão de fé, à íntegra incorporação no instituto da salvação tal como o próprio Cristo o quis e à total inserção na comunhão eucarística"[18].

Quando o batismo, sejam quais forem as razões, não alcança a plena medida descrita pelo Concílio Vaticano II, tampouco o batizado pode viver em plenitude a filiação batismal, é dizer, a filiação pela qual o homem é transformado em filho de Deus e "coerdeiro de Cristo"[19]. O mesmo se deve afirmar a propósito da filiação mariana, correlativa à maternidade da Virgem em relação a cada um dos fiéis e à Igreja globalmente considerada. Pois, se Maria é o "centro maternal da unidade" querida por Cristo, ou seja, se ela produz maternalmente ou por via de geração a unidade dos fiéis, qualquer limitação imposta à unidade implica diminuição e não plenitude na forma de viver as relações filiais com Maria. O

---
[18] UR 22b.
[19] Rm 8, 17.

fato de que a limitação ocorra sem culpa não remove a própria limitação.

Sem embargo, a separação e suas consequentes limitações de índole batismal-mariana não podem ser vistas unicamente em relação com os irmãos separados da plenitude da comunhão e da unidade que "subsiste indefectivelmente na Igreja católica e esperamos que cresça a cada dia até a consumação dos séculos"[20]. Claro, a separação é algo que afeta essencialmente aos cristãos acatólicos, aos "irmãos separados", aos quais limita, e até obstaculiza as possibilidades de salvação, de levar à plenitude a vida cristã recebida inicialmente no batismo. Todavia, a separação é fenômeno que repercute também sobre a Igreja católica, ainda que acidentalmente; para ela, a separação de alguns cristãos "torna mais difícil expressar na realidade da vida a plenitude da catolicidade sob todos os aspectos"[21]. A separação é como sombra que se projeta sobre o mistério da filiação batismal-mariana, dificultando sua exata compreensão e, mais ainda, para alguns pode converter-se em obstáculo que tende a impedir seu pleno desenvolvimento, se não procuram atrair ou unir os irmãos separados.

A fé da Igreja na Virgem Maria e no batismo é força que impulsiona poderosamente ao empreendimento ecumênico, porque só quando este trabalho chegar ao resultado esperado, vale dizer, à união de

---
[20] UR 4c.
[21] UR 4.

todos os cristãos separados sob um único pastor, o sucessor de são Pedro e vigário de Cristo, o testemunho da Igreja "na realidade da vida" sobre o batismo e sobre a Virgem, alcançará a perfeição, o nível e o esplendor que lhes são inerentes. O ecumenismo não representa apenas a ação da Igreja dirigida ao exterior; é, também, esforço para melhorar qualitativamente a própria vida batismal-mariana.

Mas, tudo é praticamente incompreensível quando se aborda a vida cristã em perspectiva exclusivamente individual. É necessário contemplar essa vida no aspecto fraternal e apostólico, eclesial, ou enquanto destinada a plasmar-se na comunidade-Igreja, único ambiente no qual podem desenvolver-se as virtualidades e manifestar-se as exigências da vida cristã. Portanto, para avivar e formar a consciência ecumênica entre os católicos, é mister habituar-se a considerar tanto a maternidade de Maria como o sacramento do batismo em relação com a Igreja universal, tendo, por outro lado, muito cuidado para que essa visão universal integre tudo que se refere às pessoas, em sua concreta individualidade, juntamente com os bens e os problemas específicos das comunidades particulares.

Aqui surge um dos mais importantes temas da eclesiologia, que é o problema das relações entre a Igreja local e a Igreja universal. No batismo "nasce" a Igreja, sem nenhuma limitação. A maternidade de Maria ordena-se, antes de tudo, à Igreja universal. A atividade apostólica ecumênica da Igreja, contemplada à luz do batismo e da maternidade mariana, exige a superação de qualquer abordagem limitada, a fim de se centrar a atenção na unidade universal de toda a família de Deus. A tarefa de reunir a todos é impossível quando o centro do interesse se situa na Igreja local. Com base em enfoques particularistas, não se chega à unidade universal.

A juízo do papa são Paulo VI, urge buscar "os caminhos para *refazer* a fraternidade"[22] entre os cristãos, chegando-se à medida plena da fraternidade querida por Cristo. Mas, como refazer a fraternidade? Eis aqui grave problema no qual estão comprometidos todos os cristãos, para cuja solução muitos trabalham denodadamente, procurando trazer os irmãos separados para mais perto da plenitude da unidade com a Igreja. O batismo e a maternidade de Maria têm uma palavra a dizer e sinalizam uma pauta.

Os esforços para refazer a fraternidade só serão operantes e conduzirão a resultados positivos, se acompanhados de esforço análogo no sentido de refazer a *filiação*. Antes que atentado contra a fraternidade, a separação é um corte na filiação batismal-mariana, que a despoja de alguns elementos integrantes. Não será possível compreender o que falta à fraternidade, nem, portanto, adquirir ideia exata da distância que separa os protestantes e cismáticos da verdadeira Igreja, se previamente não se prestar atenção à totalidade do conteúdo da filiação batis-

---

[22] São Paulo VI, carta apostólica *Spiritus Paracliti*: AAS 56 (1964), 355.

mal-mariana e às exigências concretas que impõe. De forma alguma, a fraternidade é o princípio da filiação comum; muito pelo contrário, a fraternidade será inexplicável se a filiação comum não for pressuposta. Desta feita, não se trata de inventar uma filiação que contenha mais elementos dos que se fazem presentes na fraternidade. Quer-se, unicamente, orientar o movimento ecumênico na direção de seu aspecto mais profundo, a fim de se compreenderem melhor sua importância e os caminhos de solução que apresenta.

As exigências ecumênicas de índole fraternal tornam necessário aprofundar o conteúdo da geração batismal-mariana, comunicada a nós pelo batismo. Vale dizer, o ecumenismo constitui poderoso apelo a viver o cristianismo em profundidade[23], diante de Jesus Cristo, dos seus sacramentos e da ação que, por vontade de Cristo, a Virgem exerce.

Entre as "vozes" integrantes da chamada (do apelo) encontra-se a que procede de Maria e concretamente de sua função maternal. Um ecumenismo baseado sobre o conceito de filiação imediatamente se depara com a Virgem. Ela, portanto, não pode ser obstáculo para nenhuma forma de ecumenismo saudável e construtivo, como não é tampouco o batismo, ainda quando este sacramento imponha exigências que não se cumprem em todas as denominações cristãs[24].

---
[23] UR 6-7.
[24] UR 22b.

Olhando para a humanidade universal

"A Igreja – diz o Vaticano II – é missionária por sua própria natureza"[25]. Tudo quanto compõe a constituição da Igreja contribui para com sua natureza missional e impele-a à tarefa de anunciar continuamente o evangelho a todos os homens que ainda o desconhecem (além de recordar o evangelho aos que já o conhecem ou começaram a conhecê-lo há pouco). Sobre a singular importância dos sacramentos e do influxo maternal de Maria no mistério de edificar a Igreja, não é necessário insistir por ora. O fato é claro o suficiente para servir de ponto de partida.

A filiação transmitida pelo batismo não pode ser corretamente compreendida se se aparta este sacramento da sua perspectiva missionária (que é parcela ou aspecto do dever de todo cristão de contribuir para a salvação dos demais). O mesmo há de se afirmar a propósito da maternidade espiritual de Maria. O sacramento do batismo e a maternidade da Virgem são bens disponíveis a todos os homens, não somente no sentido de que qualquer pessoa pode receber o batismo e participar dos frutos da maternidade mariana, mas também, e principalmente, à medida que o batismo e a maternidade são princípios que comprometem a cada cristão e à Igreja inteira, em face dos homens que ainda desconhecem Cristo ou conhecem-no insuficientemente.

---

[25] AG 2a.

Também nesse caso, o batismo e a maternidade mariana se encontram, ou, falando mais exatamente, compenetram-se, para constituir um princípio único de ação missionária, uma vez que o sacramento vincula-se com a maternidade e esta tem no sacramento um dos veículos apropriados para transmitir seu influxo e fazê-lo efetivo aos homens.

O batismo torna o homem filho de Deus e capacita-o para se dirigir a Deus como pai. Pois bem, "não podemos invocar a Deus, pai de todos, se nos negamos a nos comportar fraternalmente com alguns homens criados à imagem de Deus"[26]. O horizonte próprio do batismo e, por conseguinte, do batizado, é a humanidade universal. Cristo mandou pregar o evangelho em todas as partes, fazendo os homens seus discípulos, mediante o batismo[27]. Este mandado do Senhor configura missionalmente não apenas a pregação cristã, mas também o batismo e todos os sacramentos pelos quais se desenvolve a vida que se enceta no batismo.

A pregação tem de servir, antes de tudo, para que a totalidade dos homens conheçam a totalidade da palavra de Deus, já que Deus não falou para uns poucos, mas para a humanidade inteira. Quem conhece a palavra de Deus recebe, por este mesmo fato, uma missão e assume o dever de empregar todos os meios a seu alcance para fazê-la chegar aos demais homens (e este é um motivo a mais, em virtude do

---

[26] NA 5a.
[27] Mc 16, 15-16; Mt 28,19.

qual se torna premente a obrigação de todo cristão de conhecer e viver cada vez melhor a palavra de Deus).

O batismo, por seu turno, implica um compromisso não só de consagração a Deus, mas igualmente de serviço a todos os homens, para facilitar-lhes o encontro filial com Deus, "Pai de nosso Senhor, Jesus Cristo"[28], o qual deseja enviar sobre todos os homens o Espírito de seu Filho, a fim de que todos também, dirigindo-se a ele, possam exclamar: "Pai"[29]. Este tipo de encontro com Deus, com Deus tripessoal, tal como se revela em Jesus Cristo, e não um vago sentido da divindade, é o escopo ao qual se orienta a obra missionária da Igreja, com a qual devem cooperar todos que, por graça do Espírito Santo, receberam a regeneração batismal. Mediante a obra ou atividade missionária, diz o Vaticano II, "cumpre-se verdadeiramente o desígnio do criador, ao criar o homem à sua imagem e semelhança, já que todos os que participam da natureza humana, regenerados em Cristo pelo Espírito Santo, contemplando unânimes a glória de Deus, podem dizer: *Pai nosso*"[30].

A filiação adotiva que o batismo comunica está destinada a todos os homens. Se alguém quisesse reservá-la exclusivamente para si, a desfiguraria gravemente. Ninguém pode formar uma ideia exata dela nem vivê-la perfeitamente na prática, se não a considera em relação com todos os homens, é dizer,

---

[28] Ef 1, 3.
[29] Gl 4, 6.
[30] AG 7, *in fine*.

se não vir nela um princípio de missão e um título que cria o dever de serviço a todos os homens, para ajudá-los a conseguir esta mesma filiação, ou se aprofundar nela. Se se elimina a perspectiva missionária, o batismo perde grandíssima parte do seu sentido e, pior, obscurece-se e fica empobrecida a fé na paternidade de Deus, que é paternidade universal, destinada a tornar-se efetiva em todos os homens, através do cumprimento em todos, do seu plano e de sua vontade salvífica[31].

O que se disse a propósito do batismo e da filiação que ele comunica deve ser aplicado, analogamente, à Virgem Maria e à maternidade que ela exerce por via de geração sobrenatural na ordem da graça. Porque, como se tem afirmado várias vezes, o batismo e a maternidade mariana não são dois princípios simplesmente coexistentes ou paralelos, mas estão coordenados entre si para produzir um efeito único. A Virgem impele-nos a descobrir e contemplar a perspectiva missionária do batismo. Assim, a consideração do batismo sob este aspecto ajuda-nos a compreender melhor a função maternal que cumpre a Virgem em relação a todos os homens.

O Vaticano II ensina de maneira explícita que a maternidade de Maria tem alcance universal. Maria, diz o concílio, "é mãe de Cristo e mãe de todos os homens, especialmente dos fiéis"[32]. A maternidade espiritual se estende à humanidade inteira, ainda que,

---

[31] 1Tm 2, 4-6.
[32] LG 54.

como se compreende sem necessidade de profundos raciocínios, a referida maternidade se atualiza ou se exerce de modo especial em relação aos fiéis, vale dizer, em relação àqueles que conhecem o plano de Deus revelado em Cristo e o aceitam em toda plenitude. Se é, também, nestes fiéis que a paternidade de Deus e a redenção operada por Cristo têm realização especial, já não se pode pensar em uma maternidade de Maria que, permanecendo indiferente, produza os mesmos frutos em todos os homens, conheçam ou não Jesus Cristo, creiam ou não em Deus.

Reconhecidas as distintas situações em que se encontram os homens relativamente à maternidade de Maria, é necessário destacar, com todo vigor, a extensão verdadeiramente universal desta maternidade. Ao refletirmos um instante nas palavras transcritas do Vaticano II, percebe-se que elas estão calcadas em são Paulo, quando diz que "Deus é salvador de todos, principalmente dos fiéis"[33]. Não se trata de equiparar a ação de Maria à ação de Deus, pois tal modo de proceder carece totalmente de sentido no cristianismo. Sem embargo, a maneira de falar escolhida pelo Vaticano II tem conteúdo e intenção precisa. Por este método, o concílio afirma implicitamente, mas não com absoluta clareza, que a maternidade espiritual de Maria está presente em todo o plano de salvação. É Deus que dispôs as coisas desse jeito, visando exatamente a que se cumpra sua vontade de salvar todos os homens.

---

[33] 1Tm 4, 10.

Atribuir à Virgem o título de mãe não significa encerrar-se no estreito círculo de uma piedade individualizada; pelo contrário, significa descobrir e reconhecer em Maria uma função característica, a qual, estendendo-se a todos os homens, impulsiona-nos eficazmente a que colaboremos para que todos os homens participem em plenitude dos frutos derivados da maternidade mariana.

Para o cristão, o saber-se filho de Deus pelo batismo conduz à consciência de obrigações sacratíssimas para com todos os homens. Analogamente, crer na "mãe de Deus e mãe dos homens"[34], implica o dever de colaborar com ela, ao menos através da oração, "a fim de que, pela intercessão da Virgem Maria, rainha dos apóstolos, sejam quanto antes as nações levadas ao conhecimento da verdade, e a caridade de Deus, que resplandece em Cristo Jesus, pelo Espírito Santo a todos ilumine"[35].

O batismo e a maternidade mariana se coordenam para criar no cristão viva consciência missional. Se faltasse esta consciência, seria impossível viver em plenitude a graça batismal e seguir, com fidelidade, os impulsos que procedem da maternidade de Maria, uma vez que nem a vivência batismal nem a mariana alcançam sua própria medida, enquanto não constituam um início de preocupação por todos os homens e de serviço efetivo a todos eles com vistas na salvação da qual Cristo é o autor.

---

[34] LG 69.
[35] AG 42b.

IV. A Virgem Maria e o sacramento da crisma

O sacramento da crisma ou confirmação, como todos os sacramentos, é um meio de participar na obra da redenção levada a cabo por Jesus Cristo. Pois bem, na obra da redenção, a presença de Maria aparece por todas as partes, porque ela, conforme as palavras do Vaticano II, "consagrou-se totalmente como serva do Senhor à pessoa e à obra de seu filho, servindo, sob ele e com ele, ao mistério da redenção"[1]. O sacramento da crisma, sob a modalidade que lhe é própria, une a presença da Virgem ao lado de seu filho redentor, fá-la operante nos homens e desperta neles a consciência de haver contraído com Maria certos vínculos especiais que devem ser canalizados na linha reivindicada pelo sacramento em apreço.

É preciso sempre evitar qualquer tipo de concepção dualista, vale dizer, qualquer tentação de pensar que a ação da Virgem e a do sacramento seguem linhas contrárias entre si. Uma forma mitiga-

---
[1] LG 56.

da, mas também reprovável, de concepção dualista, consistiria em se imaginar que para dar realce ao sacramento da crisma, seria necessário manter silêncio sobre a Virgem, ou que, inversamente, para imprimir relevo à função de Maria, é necessário deixar o sacramento na sombra.

Deve-se excluir radicalmente qualquer ideia desse tipo, pois só servirá para desorientar a mente cristã e, em última análise, para obscurecer a verdade revelada e, portanto, debilitar a fé. A Virgem Maria imprime no cristão um impulso que o orienta para melhor compreensão do sacramento da crisma e, por sua vez, este sacramento, quando vivido com humilde fidelidade, faz-nos descobrir melhor a presença e as funções de Maria no desenvolvimento da vida cristã.

Confirmação, dom do Espírito Santo, encarnação

Segundo a tradição cristã, o sacramento da crisma transmite aos fiéis o dom do Espírito Santo, tantas vezes prometido por Cristo[2]. Porém, a ação do sacramento se realiza não de qualquer modo, mas conforme o plano estabelecido por Deus, que é fonte de toda santidade. E Deus quis que toda comunicação do Espírito Santo aos homens esteja em

---

[2] Jo 14, 16-17, 26; 16, 4-15; At 1,5. (Essas passagens não são mais que uma amostra do muito em que no testamento novo se encontra acerca da promessa do Espírito Santo e de sua ação sobre os discípulos de Jesus).

dependência da maravilha suprema obrada por este mesmo Espírito, quando desceu sobre a Virgem Maria, a fim de realizar nela, mediante a cooperação dela, o mistério da encarnação do Verbo. Toda ação do Espírito Santo sobre os homens contém referência essencial e indestrutível a um mistério no qual a Virgem Maria cumpre sua missão mais própria e característica, que consiste em prestar sua cooperação maternal à encarnação do Verbo. É dizer, dentro do plano de salvação, não existe comunicação do Espírito Santo aos homens que não dependa da comunicação que o mesmo Espírito Santo fez de si à Virgem[3].

O Concílio Vaticano II recorda expressamente o vínculo do mistério de Pentecostes, ou a vinda do Espírito Santo sobre a Igreja, com a descida do mesmo Espírito sobre Maria. Efetivamente, "Maria implorava com suas preces o dom do Espírito Santo, o qual já na anunciação a havia coberto com sua sombra"[4].

O que ocorreu no dia de Pentecostes se renova através dos tempos mediante o sacramento da confirmação. Mas, assim como o mistério de Pentecostes ficaria gravemente mutilado se retirássemos dele a presença e a atuação da Virgem, da mesma forma, o mistério que se realiza em cada homem pelo sacramento da crisma acabaria deformado, se alguém tentasse isolá-lo da Virgem. O fato de que a Virgem

---

[3] O papa Leão XIII desenvolveu amplamente esta ideia na sua encíclica *Divinum Illud Munus* (9/5/1897).
[4] LG 59.

Maria não se manifeste sensivelmente agora, nem apareça de modo visível no centro da comunidade cristã, como ocorreu no dia de Pentecostes, não elimina nada da realidade da ação mariana salvífica sobre cada um dos crismados.

Trata-se, certamente, de presença e ação marianas das quais Deus poderia prescindir, uma vez que Deus, em seus designíos, possui liberdade absolutamente soberana, que não pode depender de nenhuma criatura, por muito eminente que ela seja. Contudo, o tema ora analisado não diz respeito em averiguar o que Deus podia ou pode, mas em reconhecer o que Deus efetivamente quis e quer, ou melhor ainda, o que Deus fez e continua a fazer. Ao poder de Deus se colocam limites não apenas quando ele se faz depender de uma criatura, mas também quando se nega ou se restringe a liberdade divina, para servir-se de uma criatura.

A ação de Maria se faz presente e operante no sacramento da crisma não porque Deus necessite de Maria, ou dependa dela, mas porque Deus quer servir-se dela. Deus mesmo exige isto, por libérrima e soberana vontade, à qual o homem não pode estabelecer leis. Maria não se apresenta diante de Deus, invocando méritos, títulos e direitos. Todavia, Deus quis manifestar nela e por meio dela as vias e os modos de sua ação salvífica. Se alguém não aceitar este plano divino, opõe-se, em última instância, não a Maria, mas ao próprio Deus, que quis e quer atuar dessa forma.

Analogias entre o sacramento da crisma e a ação de Maria

O sacramento da crisma conduz o fiel a um estado cristãmente "adulto" ou de plenitude e fortaleza, que deve ter uma manifestação prática no zelo apostólico, dando testemunho de Cristo com palavras e com a própria vida, de acordo sempre com o estado em que cada um se encontra. A transformação dos apóstolos e dos demais cristãos pela graça recebida no dia de Pentecostes é modelo singularmente expressivo do que realiza o sacramento da crisma, quando recebido com as disposições apropriadas.

A ação da Virgem, conforme os ensinamentos do Concílio Vaticano II, tende a produzir nos cristãos os mesmos efeitos. O concílio afirma, em primeiro lugar, que Maria "coopera com amor materno na geração e *educação* dos fiéis"[5]. Sobre o conceito de *geração* já se tratou na relação com o batismo. Agora, temos de dizer algo sobre a *educação* que Maria realiza no interior da vida cristã.

A *educação*, de qualquer ordem que seja, orienta-se sempre para se atingir uma plenitude e não terá sentido se desconectada desse objetivo. A educação cristã se orienta para a plenitude própria do cristianismo, que é a caridade e, com ela, todas as demais virtudes. Isto supõe adquirir consciência do que nos proporciona e exige a fé de Cristo, vale dizer, é mister buscar a intimidade com Cristo, a

---
[5] LG 63.

identificação com ele, a assimilação de todos seus mistérios, assim como proclamar e defender valorosamente a fé e a vida de Cristo, a fim de que ele seja cada vez mais conhecido e amado pelos homens.

Pois bem, todo este processo encontra-se, por vontade de Deus, sob o influxo da ação que exerce Maria, quem, por seu turno, atua sempre ao lado de Cristo e em dependência dele. A palavra *educação*, empregada pelo Vaticano II para expressar uma das funções de Maria, possui conteúdo amplíssimo, o qual aumenta ainda mais, quando se tem em conta que na vida cristã a educação não termina antes da morte; ninguém pode adquirir por si mesmo o estado de plenitude cristã, nem manter-se nele sem especial ajuda de Deus transmitida – porque ele quis assim – mediante a ação educativa realizada por Maria em dependência de Cristo.

A plenitude a que chega o cristão neste mundo é sempre muito relativa; mas, não por causa disso, renunciar-se-á a este conceito de plenitude, uma vez que exprime a realidade para a qual converge e se orienta toda a vida cristã[6].

Agora podemos chegar a uma primeira síntese do que expusemos. O sacramento da crisma é o sacramento que leva à plenitude cristã. A ação educativa de Maria orienta e conduz igualmente à ple-

---

[6] O Concílio Vaticano II fala da plenitude da graça e da verdade comunicada à Igreja católica (UR 3d), do chamamento à plenitude de vida cristã e à perfeição na caridade (LG 11c, 40b), da assistência que a Igreja recebe para manter-se sempre em perfeita fidelidade ao Senhor (LG 9c) etc.

nitude. Pois então. É claro que não se pode pensar em duas plenitudes cristãs distintas, já que a vida cristã é apenas uma. Falar da plenitude procedente do sacramento da crisma e de outra distinta que tenha sua origem na ação educativa da Virgem seria algo tão sem sentido como atribuir ao cristão duas gerações distintas e desconexas, uma realizada pelo batismo e outra devida a Maria.

O cristão nasce uma só vez; e nesse único nascimento se reflete a ação coordenada do batismo e de Maria. Analogamente, para o cristão há apenas uma única plenitude, a qual se obtém pela virtude conjunta da confirmação sacramental e da educação mariana.

Este raciocínio se reforça e se esclarece quando se considera importante dado teológico sobre os sacramentos. Desde a mais antiga tradição, o sacramento da crisma aparece sempre como o complemento do batismo, uma vez que deve levar à plenitude a vida para a qual o batismo representa o início. Por pouco que se estude este dado, compreende-se que a relação entre ambos os sacramentos é inteiramente análoga à relação que existe entre as funções de *engendrar* e *educar*, efetivadas pela Virgem Maria. A maternidade de Maria sobre a Igreja e sobre cada um dos fiéis não termina com o ato de *engendrar*, pois a maternidade de mera geração está essencialmente mutilada. A maternidade de Maria tem, também, a educação como ato próprio, através da qual a vida engendrada é conduzida à maturidade ou plenitude.

Desse modo, o que dissemos anteriormente acerca das relações entre a Virgem e o batismo ajuda a compreender os liames que há entre a Virgem Maria e a crisma.

O Concílio Vaticano II dá, ainda, um passo adiante. Efetivamente, apresenta o apostolado da Igreja – que inclui a administração do sacramento da crisma – como algo que guarda relação de dependência relativamente às funções próprias da Virgem Maria. "A Igreja – ensina o concílio – em seu labor apostólico, olha para aquela que gerou Cristo, o qual foi concebido do Espírito Santo e nasceu da Virgem, precisamente para que também Cristo nasça e *cresça* pelo mistério da Igreja nas almas dos fiéis"[7].

Nascer e propiciar crescimento! Eis a função dos sacramentos – batismo e crisma – claramente vinculados com a ação materna de Maria, a qual, "na sua vida, foi exemplo do amor materno com o que devem estar animados todos quantos, na missão apostólica da Igreja, cooperam para com a salvação dos homens"[8].

Por tudo o que escrevemos até agora, compreende-se que a ação educativa de Maria contém, como um dos seus elementos importantes, o influxo mediante o qual os homens são orientados para o sacramento da crisma, possibilitando-lhes a vida consoante a graça deste sacramento. Mas, convém ter em conta, para não se cair em exclusivis-

---

[7] LG 65.
[8] LG 65.

mos, que a educação mariana implica e comunica também um estímulo para apreciar, em seu valor próprio, todos os sacramentos. Portanto, uma devoção mariana isolada dos sacramentos seria falsa e pressuporia insuficiente formação acerca das verdades cristãs.

O sacramento da crisma, por seu turno, dirige a piedade mariana ao sentido da verdadeira plenitude, fazendo com que se busque em Maria a solidez e profundidade do mistério. É dizer, o sacramento está vocacionado a exercer a tarefa de purificação na prática da piedade mariana, liberando-a de tudo que seja mero sentimentalismo ou superficialidade. "Recordem os fiéis – ensina o Vaticano II – que a verdadeira devoção à Virgem não consiste nem em sentimentalismo estéril e transitório, nem em vã credulidade, mas procede da fé autêntica, que nos induz a reconhecer a excelência da mãe de Deus e nos impulsiona a um amor filial a ela, imitando suas virtudes"[9].

A palavra de Deus

"Toda Escritura é divinamente inspirada"[10], porque os autores sagrados não falaram da própria vontade, mas "inspirados pelo Espírito Santo"[11]. Toda palavra de Deus, tal como a temos na

---
[9] LG 67.
[10] 2Tm 3, 16.
[11] 2Pd 1,21.

Escritura Sagrada, provém de especial inspiração divina que se atribui ou se apropria em particular ao Espírito Santo.

Desde o princípio, a Igreja professa no símbolo da fé que o Espírito Santo "falou pelos profetas", isto é, por meio de todos os homens que foram escolhidos para dar a conhecer o plano salvífico e a vontade de Deus. A doutrina tradicional da Igreja foi coligida e novamente proposta pelo Concílio Vaticano II na constituição dogmática *Dei Verbum*, sobre a divina revelação, a qual diz o seguinte: "As coisas divinamente reveladas, que se encerram por escrito e se manifestam na sagrada escritura, foram consignadas sob inspiração do Espírito Santo. Pois a santa mãe Igreja, segundo a fé apostólica, tem como sagrados e canônicos os livros completos tanto do testamento antigo quanto do testamento novo, com todas as partes, porque, escritos por inspiração do Espírito Santo, eles têm Deus como autor e nesta sua qualidade foram confiados à mesma Igreja"[12].

O Espírito Santo, por ser o autor da escritura sagrada, é, também, quem guia sua interpretação. "A sagrada escritura deve ser lida e interpretada com o mesmo Espírito com que foi escrita"[13], vale dizer, de acordo com a compreensão que dela tem a Igreja na qual "o Espírito Santo faz ressoar a voz viva do evangelho"[14].

---
[12] DV 11a.
[13] DV 12d.
[14] DV 8c.

Para aceitar a palavra de Deus desta maneira precisa, que responde ao modo como Deus quis se revelar, tanto o sacramento da crisma quanto a Virgem Maria têm importante função a cumprir.

A crisma é, por antonomásia, o sacramento da comunicação do Espírito Santo. Segundo o livro Atos dos Apóstolos, a imposição das mãos para administrar este sacramento seguia-se, frequentemente, de carismas extraordinários, com os quais se manifestava a presença do Espírito Santo[15], permitindo compreender melhor a graça própria da crisma.

O cristão que deseja orientar a vida conforme as exigências deste sacramento deve envidar esforço singular na escuta, leitura e meditação da palavra de Deus, porque para esta atividade concreta conta com especial comunicação do Espírito Santo, acompanhada sempre de algum tipo de carismas ou dons divinos[16], os quais, ainda que não extraordinários, nem por isso deixam de ser eficazes para ofertar certa compreensão do mistério de Deus e da palavra em que se revela. O católico crismado, se fiel à graça do sacramento, converte-se em templo "onde a Palavra de Deus mora abundantemente"[17].

O Espírito Santo, o qual se comunica em plenitude por meio do sacramento da crisma, não pode deixar de impulsionar eficazmente para o estudo e meditação da palavra da qual ele mesmo é autor e

---

[15] At 8, 14-19; 19, 1-6.
[16] LG 12b.
[17] Cl 3,16,

cujo sentido íntimo ele revela aos que seguem docilmente suas inspirações. Mais ainda, a docilidade do cristão às inspirações do Espírito Santo encontra-se no campo de ação do sacramento, pois um dos efeitos sacramentais é comunicar os dons – dons do Espírito Santo – que permitem captar as moções divinas e dão força para segui-las. Mediante os dons, o cristão se apropria de tal modo da direção do Espírito Santo que, consoante a expressão usual entre os escritores místicos, atua para o divino. Pois bem, este cristão, assim colocado sob a ação do Espírito Santo, tem como uma de suas principais dedicações o estudo, a meditação e a assimilação da palavra inspirada pelo mesmo Espírito.

A Virgem Maria, de sua parte, é exemplo admirável de docilidade às inspirações com que o Espírito Santo impulsiona à assimilação e cumprimento da palavra de Deus.

No evangelho encontramos umas palavras de Jesus diante das quais, muita vez, ficamos desconcertados. Quando uma mulher na multidão se dirigiu a ele e o aclamou dizendo: "Bem-aventuradas as entranhas que te trouxeram e os seios que te amamentaram!," ele respondeu: "Bem-aventurados, antes, os que ouvem a palavra de Deus e a observam"[18]. A resposta, lida superficialmente, deixa uma primeira impressão estranha, porque parece expressar certo desvio em relação com a pessoa da Virgem. Mas,

---

[18] Lc 11, 27-28.

considerada no conjunto do evangelho, a impressão que se tem é completamente outra. Com efeito, o próprio são Lucas, que refere aquelas palavras de Jesus, é quem compendia a vida da Virgem, dizendo que consistia em meditar os mistérios de Deus[19]. A ideia completa do evangelho é que Jesus "proclamou bem-aventurados aos que escutam e cumprem a palavra de Deus *como ela, Maria, fazia fielmente*"[20].

O Espírito Santo, que havia descido sobre Maria a fim de realizar nela o grande mistério da encarnação do Verbo, continuou a guiá-la durante toda sua vida, para dar-lhe uma compreensão cada vez maior da palavra divina ou para fazê-la "avançar na peregrinação da fé"[21]. A Virgem Maria é exemplo sublime do modo como devem ser usados os carismas do Espírito Santo com vistas no esclarecimento da fé, de uma fé que professa fidelidade total à palavra de Deus, aceita integralmente, sem cortes e sem manipulação com critérios humanos.

A exemplaridade de Maria nesta matéria concreta é um bem salvífico cuja eficácia é captada e comunicada pelo sacramento da crisma. Os exemplos que Maria dá a todo cristão não são somente uma "ajuda" com que ela, de fora, reforça a ação do sacramento; são, deveras, bens salvíficos, cuja eficácia penetra o próprio sacramento e chega aos homens que recebem a crisma.

---

[19] Lc 2, 19 e 51.
[20] LG 59.
[21] LG 59.

Assim, o cristão confirmado ou crismado adquire especial vinculação sacramental com a Virgem Maria, consagrada a escutar, meditar e cumprir fielmente a palavra de Deus.

A crisma, como todos os demais sacramentos, ordena-se à comunidade eclesial inteira e não esgota suas possibilidades na pessoa que a recebe. Uma de suas funções mais características com relação ao povo de Deus, globalmente considerado, é suscitar e manter o "sentido" da fé, assim como a adesão inquebrantável a essa mesma fé, juntamente com o esforço para se aprofundar nela cada vez mais. Se o cristão individual se sente compelido pela crisma a escutar e cumprir a palavra divina, a comunidade inteira se sentirá muito mais compelida a fazê-lo, uma vez que a ela, considerada na sua totalidade, também se dirige a Palavra de Deus.

O Concílio Vaticano II fez uma exposição admirável, que é preciso ter em conta. "O conjunto dos fiéis – diz o concílio – ungidos que são pela unção do Espírito Santo, não pode enganar-se no ato de fé. E manifesta esta sua peculiar propriedade mediante o senso sobrenatural da fé de todo povo quando, desde os bispos até os últimos fiéis leigos, apresenta um consenso universal sobre questões de fé e costumes. Por este senso da fé, excitado e sustentado pelo Espírito da verdade, o povo de Deus, sob direção do sagrado magistério, a quem fielmente respeita, não já recebe a palavra de homens, mas verdadeiramente a palavra de Deus; apega-se indefectivelmente à fé uma vez para sempre transmitida aos santos e, com reto juízo, penetra-a mais profundamente e mais plenamente a aplica à vida"[22].

Nesse parágrafo, o Vaticano II expõe um dos aspectos mais característicos da fé do povo de Deus, tomado em seu conjunto. Trata-se de fé adulta e madura, como cabe à etapa de plenitude em que nos encontramos[23]; uma fé capaz de captar seus próprios conteúdos e de formulá-los, aceitando-os mediante um consentimento universal – típico ao povo atuando como unidade – que é inerente à própria fé. Para a realização dessas funções, o Espírito Santo suscita e mantém o sentido da fé e o conduz a uma perfeição sempre crescente, a fim de que a aplicação da fé à vida seja, também, cada vez mais plena.

Esta obra do Espírito Santo no conjunto do povo de Deus possui evidente analogia com o efeito que a crisma produz em cada cristão individual, que é conduzi-lo à maturidade. Nem para a pessoa nem para a comunidade inteira existe maturidade cristã sem a efusão do Espírito Santo, a qual ou é fruto da crisma ou guarda sempre alguma relação com este sacramento, uma vez que Jesus o instituiu exatamente para cumprir sua promessa de nos comunicar o dom do Espírito Santo.

A recepção do sacramento da crisma por cada um dos fiéis é fato que interessa grandemente a toda a comunidade cristã. Sem embargo, é mister reconhecer

---

[22] LG 12a.
[23] DV 4.

que a vida prática dos fiéis mostra escassa sensibilidade para com este sacramento, devido normalmente à formação muito pobre que se dedica a respeito dele.

O aspecto mariano do problema aparece nos ensinamentos do Vaticano II de maneira implícita, mas suficientemente clara e bastante significativa. Numa passagem paralela à que trata do "sentido" da fé, o Vaticano II afirma que *com a assistência do Espírito Santo* a compreensão das coisas e das palavras transmitidas pelos apóstolos cresce incessantemente na Igreja, *"quer pela contemplação e estudo dos crentes que as meditam em seu coração* (cf. Lc 2, 19 e 51), quer pela inteligência íntima e experimental que têm das coisas espirituais, quer pela pregação daqueles que com a sucessão no episcopado receberam o carisma certo da verdade"[24].

O paralelismo e a alusão não podem ser mais evidentes. A Igreja inteira, para desenvolver o "sentido" da fé, para compreender cada vez melhor o conteúdo dessa mesma fé, deve colocar-se e se coloca efetivamente na postura com que são Lucas caracteriza a vida da Virgem: "contemplar, estudar e meditar os mistérios no coração". Demais, se os conceitos não foram suficientemente claros para fazer pensar em Maria, o concílio remete explicitamente às passagens donde são Lucas os enuncia.

O Espírito Santo produz na Igreja certa disposição consistente em assimilar a postura contemplati-

---

[24] DV 8b.

va de Maria; para isso se serve de variegados meios, porém, usa sobretudo o sacramento da crisma, com o qual, de uma maneira ou de outra, se relaciona toda a ação que o Espírito Santo exerce sobre a Igreja.

Pois bem, o Espírito Santo prometido, ao vir efetivamente sobre a Igreja, produz nela uma configuração profunda com a Virgem Maria. Eis aqui um dado bem importante para se formar a ideia das relações que medeiam entre Maria e o sacramento da crisma.

Virgindade, batismo e confirmação

"O Espírito Santo se comunica mais abundantemente por meio da confirmação [crisma] para dar à vida cristã perseverança e robustez; dele procede a vitória dos mártires e o triunfo das virgens sobre o atrativo da corrupção"[25]. Não é frequente relacionar o martírio e a virgindade com a confirmação enquanto sacramento pelo qual se recebe a plenitude do Espírito Santo. Mas, a relação existe; Leão XIII, no texto acima citado, não fez mais nada que chamar a atenção dos teólogos acerca de um ponto que está ainda esperando o desenvolvimento adequado[26].

---

[25] Leão XIII, encíclica *Divinum illud munus*, 10.
[26] É triste reconhecer que Leão XIII não encontrou sempre nos teólogos a correspondência proporcional à imensa categoria de seus ensinamentos. Suas encíclicas propriamente teológicas ficaram, muita vez, quase esquecidas.

Dos temas assinalados por Leão XIII, fixar-me-ei apenas na virgindade, com o objetivo de esclarecer os vínculos que existem entre a crisma e a Virgem Maria.

O Concílio Vaticano II espargiu nova luz acerca das relações que unem a vida de consagração a Deus, pela profissão religiosa, e o sacramento do batismo[27]. Em apertada síntese, poder-se-ia dizer que, segundo o concílio, a consagração a Deus mediante a profissão dos conselhos evangélicos é uma forma de atualização de virtualidades infundidas no cristão pelo batismo, para cujo desenvolvimento Deus concede a alguns uma vocação especial. A vida religiosa, como qualquer outro tipo de vocação, não "nasce" fora do batismo, mas brota do interior deste sacramento. No batismo "nasce" a Igreja inteira e, portanto, todos os tipos de vocação ou "ordens" constitutivas desta Igreja[28]. Isto significa que para saber exatamente o que é o batismo não basta concentrar-se no que dele se descobre pela vida do leigo sozinho; é necessário expandir a visão para a Igreja universal, levando em conta todas as diversidades vocacionais que a integram. O batismo é vínculo de unidade sacramental entre todos os batizados[29]; mas, ao mesmo tempo, é princípio que reclama diversificação, pois só através de vocações

---

[27] LG 44a; PC 5a; AG 18a.
[28] Sobre as "ordens", modos ou funções que formam a Igreja, leia-se LG 13c.
[29] 1Cor 12, 13.

diversas e mediante o concurso harmônico de todas elas, podem mostrar-se e desenvolver-se todas suas virtualidades.

Entre os bens constitutivos da profissão religiosa encontra-se a "perfeita e perpétua continência recomendada por Cristo Senhor"[30], abraçada por amor a ele como meio de conservar o coração mais facilmente indiviso e para dedicar-se mais livremente ao serviço do reino dos céus[31]. A consagração neste gênero de vida dimana do batismo e é fruto dos gérmenes batismais para cujo efetivo desenvolvimento Deus chama especialmente alguns cristãos, dando-lhes uma vocação também especial; tais cristãos "possuem um dom particular na vida da Igreja e contribuem com a missão salvífica dela"[32].

Se a consagração a Deus no estado religioso com a profissão da castidade perfeita e perpétua está inserida no batismo, é impossível ter uma ideia apropriada deste sacramento se se prescinde desta forma de castidade. Nada obstante, é igualmente necessário ter em conta que para conhecer o conteúdo do batismo, não é suficiente relacioná-lo ao estado religioso, mas é preciso também levar em consideração todos os outros tipos de vocação cristã: também a castidade ou virgindade total por Cristo que se pode viver fora do estado religioso, o matrimônio,

---
[30] PO 16a.
[31] Mt 19, 11; 1Cor 7, 32-35. O fundamental das ideias do Vaticano II sobre este tema se pode ver em LG 42c, 43a; PC 12; PO 16; OT 10.
[32] LG 43b.

o sacerdócio em geral, as diversas formas de apostolado laical etc. No batismo – repetirei uma vez mais – "nasce" a Igreja inteira.

O que se disse do batismo é aplicável, com maior razão, à crisma, a qual, em toda a tradição cristã, aparece como aperfeiçoamento do batismo[33]. Por conseguinte, a crisma requer que na Igreja exista vida de consagração a Deus mediante a prática dos conselhos evangélicos, juntamente com outras vocações, e de modo mais concreto, que exista vida de castidade perfeita e perpétua, cuja expressão culminante é a virgindade, entendida no sentido pleno que lhe dá a tradição da Igreja. Seria, portanto, impossível conceber uma ideia da graça comunicada pelo sacramento da crisma, se se prescindisse de sua especial virtude ou eficácia para suscitar na Igreja vocações de cristãos que se consagram ou se oferecem a Deus em virgindade.

A plenitude da vida cristã e a fortaleza que a crisma produz têm manifestação peculiar na virgindade abraçada por amor ao reino dos céus. A virgindade não é a manifestação única da graça deste sacramento, mas uma das necessárias, porque sem ela, seria impossível compreender a eficácia da crisma instituída por Cristo.

Com estas explicações, ainda que sumárias, já se pode compreender o pensamento de Leão XIII so-

---

[33] O Vaticano II se situa nesta mesma linha, apresentando a confirmação como aperfeiçoamento da incorporação à Igreja realizado pelo batismo: LG 11a.

bre o nexo intrínseco que há entre a virgindade e a ação do Espírito Santo no sacramento da crisma.

A ideia delineada por Leão XIII é profunda e de grande atualidade por vários motivos. Em primeiro lugar, fornece um critério para orientar a catequese sobre este sacramento. Pois, não basta dizer que a crisma comunica a promessa do Espírito Santo e faz do crismado uma testemunha de Cristo ante a comunidade cristã e perante o mundo. É necessário especificar mais o conteúdo da graça do Espírito Santo comunicada pelo sacramento, bem como o testemunho cristão que ela exige. Trata-se de uma graça e de um testemunho nos quais se incluem como "partes" ou elementos integrantes todas as vocações cristãs e, concretamente, a vocação de consagração virginal a Deus, assim como as demais vocações e a fortaleza para vivê-las. Tudo isto significa, em última análise, que não é possível uma boa catequese acerca da crisma, se não estiver enquadrada em uma pastoral das vocações cristãs e de sua promoção conjunta. Ao mesmo tempo, este tipo de pastoral lucraria muitíssimo, assumindo os recursos provenientes do sacramento da crisma.

A catequese sobre as diversas vocações cristãs e, concretamente, sobre a vocação à vida de virgindade, não pode ser posterior à catequese preparatória para a crisma. Creio que com isto temos um critério sacramental importante para saber quando se *deve* começar a orientação vocacional das crianças. Porque, a tradição cristã é unânime em posicionar a recepção da crisma antes da primeira comunhão[34]. Até mesmo quando se recebe de uma só vez os três sacramentos da iniciação cristã, a ordem observada invariavelmente é: batismo, crisma, eucaristia.

A prática tradicional tem fundamento muito profundo. Com efeito, a recepção da eucaristia é o fato mais "espiritual" no âmbito da vida cristã e que, conseguintemente, requer ou pressupõe maior plenitude do Espírito Santo, a qual se comunica exatamente pelo sacramento da crisma. A própria natureza do mistério cristão pede que a crisma preceda a primeira comunhão, é dizer, que seja administrada em torno dos sete anos de idade[35].

Para resolver com acerto este problema, é necessário dirigir o olhar para a Igreja universal, porque a ela primariamente pertencem os sacramentos. Pois bem, a edificação do corpo da Igreja *é complementada* pela celebração da eucaristia[36]. Por conseguinte, é claro que, pensando sobre os sacramentos em perspectiva eclesial, a crisma deve preceder em cada pessoa à comunhão eucarística, por meio da qual cada cristão logra a máxima incorporação a Jesus Cristo, chegando ao término da iniciação cristã. O batismo e a crisma são a preparação

---

[34] No Brasil, por razões pastorais, transferiu-se a crisma para depois da primeira comunhão, quando o crismado contar com a idade mínima de 15 anos (NdT).
[35] De fato, o código canônico em vigor (CIC) estipula a idade de sete anos, para o cumprimento das leis meramente eclesiásticas (cânon 11) (NdT).
[36] LG 17.

sacramental adequada para a recepção do corpo e do sangue do Senhor. Certa mentalidade, como se observa em muitos hoje em dia, polarizada quase exclusivamente no sociológico, não corresponde ao melhor critério para julgar a propósito do momento oportuno para a administração dos sacramentos. Na crisma, muitos tendem a ver, com exclusivismo unilateral, somente o aspecto sociológico.

Com efeito, não se trata de fixar norma rígida, mas é mister indicar o critério que deve prevalecer.

Assim, pois, a ordem que regula a administração dos diversos sacramentos da iniciação cristã constitui base sólida para saber quando se deve iniciar a catequese vocacional, pois, se se prescinde das diversas vocações, não se pode desenvolver uma boa catequese sobre a crisma.

O pensamento de Leão XIII mostra-se atual, ainda por outro conceito. Efetivamente, a vinculação da virgindade com o sacramento da crisma basta por si só para compreender que a vida virginal é expressão não precisamente de egoísmo ou de debilidade, mas, pelo contrário, de maturidade, de plenitude cristã e de fortaleza. Na situação atual da Igreja, é bastante conveniente destacar esta ideia, a fim de se descobrir o valor de uma vida consagrada virginalmente a Deus.

A conexão entre virgindade e sacramento da crisma subministra luminoso ponto de referência para se descobrir a vinculação deste sacramento com a Virgem Maria. A Virgem, ao lado de Jesus Cristo e em dependência dele, exerce sobre a Igreja um influxo que dá origem à consagração virginal dos cristãos[37] e ao que poderíamos chamar de virgindade radical da própria Igreja, a qual "é a Virgem que guarda pura e integralmente a fé prometida ao esposo"[38].

Mas, deixando por ora o que se refere ao espírito virginal da Igreja, fixemo-nos na consagração que alguns cristãos fazem de si mesmos a Deus, para viver a virgindade. A tradição da Igreja, já desde a época patrística, vê em Maria o modelo exemplar de todos quantos são chamados à virgindade. Maria, disse santo Agostinho, "consagrou sua virgindade a Deus ainda antes de saber que haveria de conceber, para servir de exemplo às futuras santas virgens".

A exemplaridade de Maria é de tal natureza que, *sob* Cristo e *com* Cristo, se estende a todos os bens salvíficos, porque seu horizonte é tão vasto como o da redenção[39]. Sua influência na vida cristã não depende somente de que os fiéis, ao contemplá-la, se sintam estimulados a imitar sua plena fidelidade a Jesus Cristo. Sempre *sob* Cristo, mas também sempre *com* Cristo, a influência de Maria por via de exemplaridade precede a decisão do cristão e a engendra, orientando e impulsionando desde dentro a se viver como ela viveu. Quando o cristão começa a pensar em imi-

---

[37] LG 43b.
[38] LG 64. O Concílio Vaticano II não faz mais que reconhecer larga tradição que vincula estreitamente a virgindade "espiritual" da Igreja inteira à virgindade espiritual e corporal de Maria.
[39] LG 56, 63-65; SC 103.

tar Maria, já recebeu dela um influxo que é o princípio e a causa daquele pensar. E se o pensamento de imitá-la já se encontra sob o influxo mariano, com muito maior razão, estarão igualmente sob o mesmo influxo a decisão prática e a própria imitação.

Dentro dessa exemplaridade e influxo universal da Virgem, situa-se a ação que Maria exerce para suscitar e manter vocações virginais na Igreja.

Pois bem, um dos principais veículos pelos quais a Virgem cumpre sua função de manter vivo na Igreja o ideal da virgindade é o sacramento da crisma. Sacramento e ação mariana não são dois canais simplesmente paralelos, mas duas forças que se coordenam para produzir na Igreja um dos bens típicos que brotam da redenção de Cristo: a virgindade aceita e vivida "por amor, não por necessidade de servidão".

A consequência prática de tudo isto é que quem professa a virgindade na Igreja deve estar consciente dos vínculos especiais que por tal motivo contrai com o sacramento da crisma e com a Virgem Maria. São vínculos comuns, vale dizer, que não se podem atualizar devidamente, se os consideramos ou apenas em referência ao sacramento ou apenas em referência à Virgem. Se a ação do sacramento se funde com a ação da Virgem, para atuar unitariamente, é necessário que o cristão dê uma resposta unitária na qual se expresse o sacramento juntamente com a obra de Maria.

O sacramento da crisma, como o batismo, do qual é complemento, ordena-se à Igreja universal e ao resto da humanidade que ainda não conhece Cristo. Analogamente, a Virgem Maria, por todos os mistérios de sua pessoa e, concretamente, pela sua virgindade, exerce função salvífica sobre a Igreja e sobre a humanidade. Desta feita, a profissão da virgindade na Igreja, para adequar-se ao influxo virginizante do sacramento e da exemplaridade mariana, tem de estar informada por profundo sentido de comunhão universal com toda a Igreja, assim como por intenso zelo missionário que impulsione cada um a pôr em prática todas as possibilidades disponíveis, a fim de que o conhecimento e o amor de Cristo se difundam cada vez mais entre os homens.

Crisma e apostolado

A crisma destina o cristão, qualquer que seja seu gênero de vida, a ser apóstolo e testemunha de Jesus Cristo. Todos os fiéis, já incorporados à Igreja pelo batismo, conforme o Vaticano II, "pelo sacramento da crisma se vinculam mais estreitamente à Igreja, enriquecem-se com força especial do Espírito Santo e, destarte, ficam obrigados mais estritamente, a difundir e defender a fé, como verdadeiras testemunhas de Cristo, pela palavra e pelas obras"[40].

Entre todas as vocações e apostolados que compõem a Igreja, é imperioso levar em conta a vocação laical, ou melhor, as diversas vocações dos leigos, bem

---
[40] LG 11a.

como as variegadas formas de apostolado secular, as quais a crisma ajuda a viver plenamente. Para o apostolado do leigo consistente em introduzir ou manter a inspiração cristã em cada uma das profissões humanas e na sociedade, este sacramento comunica luz especial do Espírito Santo, que nos capacita a descobrir os caminhos de Deus na marcha da história humana, dando-nos força para percorrê-los, apesar das dificuldades, ou quiçá perseguições, opostas pelos egoísmos e poderes do mal deste mundo.

O sacramento da crisma consiste em fazer crescer e guiar à plenitude a pessoa que se iniciou mediante o batismo. É preciso lembrar, com o Vaticano II, que "todos os cristãos, de qualquer condição ou estado, estão chamados pelo Senhor à perfeição da santidade, como o Pai é perfeito"[41]. É oportuno recordar que também no estado laical, os leigos, de qualquer idade ou condição, na virgindade ou no matrimônio, são vocacionados à santidade, a essa plenitude, da qual Maria é «educadora e exemplo». Assim sendo, a guia do Espírito Santo e de Maria se coordenam para que cada cristão, no seu estado, cada leigo em sua condição familiar, profissional, solteiro ou casado etc., faça crescer Cristo em si mesmo e também nos demais homens.

---

[41] LG 11c; 32, 39, 41 e 42; AA 6.

V. A Virgem Maria e a eucaristia

"O sacrifício eucarístico é fonte e cume de toda a vida cristã"[1]. "Na santíssima eucaristia, se contém todo o bem espiritual da Igreja, a saber, o próprio Cristo"[2]. Falar da eucaristia é falar de Cristo realmente presente entre os homens com um tipo de presença superior às demais[3], e que, por sua superioridade, constitui o ponto central a que todas as outras formas de presença devem ser referidas e subordinadas; mais, na qual cada forma de presença alcança a verdadeira plenitude que lhe é própria. Qualquer intento de limitar ou apequenar a função da eucaristia na vida cristã conduziria forçosamente a limitar e apequenar a obra de Cristo, a universalidade de seu poder santificante, a eficácia soberana de sua ação entre os homens.

Mas, aqui precisamente surge o problema. Limita-se ou se apequena a eucaristia, por admitir especial ação de Maria nela e por ela? Para situar o

---
[1] LG 11a.
[2] PO 5b.
[3] SC 7a.

problema em seus próprios termos, parece-me conveniente formular uma pergunta mais radical. Cristo, quando viveu neste mundo, anulou a presença e ação de sua mãe ou, pelo contrário, exaltou-a, conduzindo-a à plenitude? Perante Cristo, os homens que melhor o conheciam, sentiam-se na obrigação de optar entre ele e sua mãe, ou sabiam, como por instinto, unir os dois em harmoniosa síntese, presidida sempre pela presença do Senhor? Eis aqui a abordagem verdadeiramente evangélica.

A resposta é fornecida pelo próprio evangelho de muitas formas. Quero recordar somente uma. Os fariseus acusaram Jesus de estar endemoniado e de haver recebido de Belzebu, príncipe dos demônios, uma "virtude" para realizar obras maravilhosas perante os homens. Era uma acusação que atentava contra o próprio fundamento da pregação e da obra de Cristo. A réplica foi contundente: nunca o demônio lutou contra si mesmo; se o expulso dos homens, não faço isto com um poder que ele mesmo me deu, mas com o poder que tenho de Deus; o reino de Deus está entre vós e não quereis aceitá-lo.

Foi aquele um dos momentos em que com maior esplendor se manifestaram a sabedoria e a verdade de Jesus Cristo frente às calúnias dos fariseus. Aqui o evangelho introduz, com evidente complacência, o testemunho espontâneo de uma mulher que, como mais uma pessoa entre a multidão, havia presenciado a disputa e que, com o maior entusiasmo, levantou a voz, para dirigir-se a Jesus, dizendo: "Bem-aventuradas as entranhas que te trouxeram e os seios que te amamentaram!"[4] Eis aqui uma síntese admirável. A grandeza e a glória de Jesus se refletem sobre a mulher que o trouxe nas entranhas e o amamentou.

Tendo sempre em mente esta síntese, é preciso fazer um esforço de reflexão, para aplicá-la ao caso concreto da eucaristia. Assim, será possível melhor compreensão do mistério de Cristo que, em última análise, é o que interessa e para o qual a Virgem nos impulsiona, pois ela, sentindo-se totalmente devedora de seu filho, não pode nem sequer tentar ser o termo definitivo para nada, mas, antes, aponta para Jesus e se subordina a ele.

Três aspectos da eucaristia

A eucaristia, na sua máxima unidade, possui grande riqueza de aspectos. Não se pode olvidar que, ao se dizer *eucaristia*, o que na realidade dizemos é *Jesus*.

Entre todos os aspectos, assinalemos três fundamentais, que contêm os outros. A eucaristia é sacrifício imolado a Deus, em comemoração e renovação da morte do Senhor, até que ele volte[5]. É, também, o sacramento pelo qual recebemos o corpo e o sangue do Senhor, para nos transformarmos nele mesmo e expressar sua unidade[6]. É, por fim, o meio

---
[4] Lc 11, 27.
[5] 1Cor 11, 24-26; 10, 18-22.
[6] 1Cor 10, 16-17.

através do qual Cristo permanece realmente presente no mundo, "para ser adorado e servir de ajuda e consolo aos fiéis"[7].

Dentro dessa diversidade de aspectos, é necessário nunca perder de vista a unidade, a qual se organiza em torno da ideia de sacrifício, que é o ponto central. A eucaristia, sendo verdadeiramente e não apenas figurativamente, o sacrifício do corpo e do sangue do Senhor, implica que Cristo se encontra realmente presente, que quem participa do sacrifício recebe real e verdadeiramente seus frutos e, principalmente quem comunga recebe verdadeira e realmente o corpo e o sangue do Senhor, que permanecem presentes enquanto durarem as espécies consagradas. Nem a recepção de Cristo pela comunhão, nem a continuação de sua presença nas partículas são compreensíveis sem referência ao sacrifício. A comunhão é o melhor modo de participar do sacrifício, mas também a adoração de Cristo presente no tabernáculo ou publicamente exposto implica um contato especial com seu sacrifício[8], uma vez que Cristo está ali como *memória de seu sacrifício e de sua paixão*[9].

Agora precisamos ver se a Virgem tem alguma especial relação com um desses aspectos e, se a tem, em que sentido.

---

[7] PO 5e.
[8] Para mais detalhes sobre o assunto, leia-se J. Espeja, OP, *Acampa entre nosotros*, Pamplona 1969, pp. 71-92 ou A. Bandera, OP, *El sacerdocio en la Iglesia*, Pamplona 1968, pp. 204 a 212.
[9] Pio XII, alocução de 22/9/1956 aos participantes do Congresso Litúrgico Internacional de Assis: AAS, t.48, p. 722.

A Virgem e a eucaristia como sacrifício

Nas páginas precedentes já se escreveu algo sobre como a pessoa e a obra da Virgem entram no sacrifício eucarístico. Cristo, ao imolar-se na cruz, assumiu em seu próprio sacrifício toda a cooperação prestada por Maria mediante a *compaixão* dela. A missa, por ser renovação daquele sacrifício, possui o mesmo conteúdo: Cristo, imolando-se e unindo, em sua própria paixão, a compaixão de sua mãe. Mas, com isto não se disse tudo.

Ao tratar do sacramento da crisma, parece-me que ficou suficientemente claro que o conceito de educação é básico para compreender as relações daquele sacramento com a Virgem. Agora chegou o momento de contemplar a obra educativa de Maria na origem. Maria foi a educadora de Jesus. E, precisamente por esse fato, é ela a educadora de todos os cristãos, mais ainda, de todos os homens, porque em Jesus está contida a vida sobrenatural da humanidade inteira. Maria é verdadeiramente mãe de todos os homens.

A obra educativa da Virgem em relação a Jesus orienta-se totalmente para o sacrifício da cruz, pois não pode deixar de ser coerente com a missão salvífica de Jesus, a qual culmina naquele sacrifício. De outro lado, o sacrifício da missa não é mais que a renovação incruenta do sacrifício da cruz; o conteúdo sacrifical da cruz e da missa é o mesmo.

Precisamente por isso, pode-se afirmar que a missa renova o sacrifício da redenção[10].

Creio que o conceito de educação ajuda a captar e a compreender um dos modos mais profundos como a Virgem se associa e coopera no sacrifício da cruz no seu momento original e, portanto, sempre que o sacrifício é renovado.

A Virgem, educadora de Jesus

O tema da Virgem educadora e, sobretudo, educadora de Jesus, quase nunca foi objeto de estudo teológico. Reconheço que, em um primeiro momento, essa vicissitude pode resultar desconcertante. Mas, não se deve julgar sob o impulso da primeira impressão. A Virgem, educadora de Jesus? Vejamos.

Jesus, como Filho de Deus, consubstancial ao Pai, possui, em sua natureza divina, de modo eminentíssimo, todas as perfeições que a educação pode oferecer ou desenvolver. Cristo mesmo tem poder para reger desde dentro o funcionamento de suas faculdades e de toda sua atividade. Este é um dado primário que deve ficar sempre claro, que não se pode submeter a nenhuma teoria, já que assinala um ponto de vista incontroverso, com juízo teológico sobre qualquer teoria. Por conseguinte, tudo o que eu digo aqui, digo-o à medida que tem valor e representa para mim uma intenção válida de certo

---

[10] Esta ideia é repetida muitas vezes pelo Vaticano II: SC 2 e 6; LG 3; PO 13c; OT 4a.

avanço teológico, desde que se integre harmonicamente na realidade de Cristo, como Filho de Deus eterno e onipotente.

A fé na divindade de Jesus, com todas as consequências que implica, não é a totalidade da fé em Jesus, porque ele é, também, substancialmente homem, "semelhante a nós em tudo, menos no pecado"[11]. Jesus, "embora fosse Filho, aprendeu, contudo, a obediência pelo sofrimento"[12]. "Convinha, por isso, que em tudo se tornasse semelhante aos irmãos, para ser, em relação a Deus, um sumo sacerdote misericordioso e fiel, para expiar assim os pecados do povo"[13]. Intencionalmente escolho estas expressões de um escrito doutrinal, como é a Epístola aos Hebreus, porque me parecem a melhor reflexão que existe dentro da escritura sagrada em torno dos fatos da vida humana de Jesus. O autor inspirado aviva a consciência de alguns dos aspectos mais desconcertantes do mistério de Jesus.

Cristo é Deus. Cristo é homem. Um e outro com absoluta verdade e propriedade. Não um homem que exclui a divindade, nem tampouco um Deus que absorve e anula a humanidade, seja em si mesma, seja em manifestações conaturais.

A pessoa divina de Cristo possui não somente as perfeições dadas ou desenvolvidas pela educação, como igualmente toda a perfeição radical e entitati-

---

[11] Hb 4, 15.
[12] Hb 5, 8.
[13] Hb 2, 17.

va da natureza humana que quis assumir. O Verbo, depois da encarnação, não adquire uma perfeição maior que a perfeição que ele tem desde toda a eternidade, uma vez que sua perfeição é infinita. Isto, sem embargo, não foi obstáculo para que ele assumisse a natureza humana; mais ainda, quis assumi-la, servindo-se do concurso da Virgem, embora pudesse formar tal natureza diretamente.

O Verbo poderia imprimir diretamente em sua humanidade todas as perfeições que o homem adquire e comunica mediante a educação. Nada obstante, ele dispôs as coisas de outro modo; levando ao extremo o princípio de adaptação a nossa condição, fortemente destacado na Carta aos Hebreus, quis servir-se de sua mãe, para receber uma educação humana, da mesma forma que se serviu dela para algo muito mais radical, como fazer-se homem.

O mistério da encarnação é mistério de síntese. Não pode ser pensado nem na base unicamente da onipotência divina, porque, então, não se compreenderia o que pertence à «debilidade humana», nem tampouco na base unicamente da debilidade humana, porque, nesse caso, Jesus seria transformado em um homem qualquer, pecador como os demais. A onipotência de Deus tem uma de suas manifestações na sua capacidade de assumir a debilidade da natureza humana, perfeita, mas natureza humana do princípio ao fim. Contudo, isto é uma coisa tão misteriosa que ao homem será sempre difícil manter o equilíbrio linguístico, ao expressar o mistério da encarnação. Apenas a adesão à palavra de Deus pode propiciar a necessária segurança.

Repito a pergunta: a Virgem educou Jesus? A sagrada escritura diz, com clareza, que Jesus encontrava-se sujeito a Maria e a são José[14]. Pois bem, a sujeição é incompreensível sem a correlata ação de domínio e de autoridade, em cujo exercício responsável consiste precisamente a atividade educadora dos pais. Sujeição e educação são, pois, dois termos correlatos, que mutuamente se implicam. Vistas as coisas pelo lado de Jesus, aparece a sujeição; vistas a partir da Virgem, aparece a educação. Um conceito carece de sentido sem o outro.

Falar da educação de Jesus pela Virgem não significa sobrepor a razão humana ao dado revelado e de fé; significa, isto sim, pelo contrário, um ato de serviço da razão à fé, realizado com o único objetivo de esclarecer o conteúdo da fé.

A escritura sagrada apresenta, ainda, outra perspectiva que leva ao mesmo resultado. A Virgem é certamente a mãe do Filho de Deus feito homem ou, como dizemos ordinariamente, a mãe de Jesus. Segundo a revelação, a maternidade nunca termina com a simples geração da prole, mas implica, também, a educação como um dos seus elementos essenciais. A escritura sagrada, inúmeras vezes, fala do dever que têm os pais relativamente à educação dos filhos, sobretudo em matéria religiosa. Uma ma-

---

[14] Lc 2, 51.

ternidade que não culmina em educação carece de seu próprio e intrínseco complemento.

Atribuiremos a Maria uma maternidade mutilada? O mais básico sentimento cristão repele tal ideia. A Virgem não é mãe de Jesus pela metade, mas com toda propriedade e plenitude. Maria, não por razões extrínsecas, mas em virtude da maternidade com que foi agraciada, tem obrigação, mais que nenhuma outra mãe, de velar pela educação de um filho que é infinitamente superior a todos os demais rebentos de mulher.

Será humilhante para este filho receber educação humana de sua mãe? Busquemos luz com outra pergunta: será humilhante pare ele haver nascido de mulher? Em certo sentido, as duas perguntas têm de receber resposta afirmativa: de uma forma ou de outra, o Filho de Deus se humilhou. Mas, não é ele que redime o mundo pelo caminho da humilhação?

A humilhação implicada em ambos os casos é inerente à própria encarnação, uma humilhação da qual a sagrada escritura dá eloquentes e reiterados testemunhos. A mesmíssima sagrada escritura fala, também, da propensão que há no homem de "escandalizar-se" pelas humilhações às quais o Filho de Deus quis se submeter, máxime pela grande humilhação da cruz. Todavia, quem deseja participar da salvação deve aceitar, com imenso agradecimento, essas humilhações, em que se põe de manifesto "o grande amor com que Deus nos amou"[15].

---

[15] Ef 2, 4.

Essa humilhação concreta, consistente na educação de Jesus por Maria, possui valor perene na vida cristã. Com ela, nosso Senhor mostra que em sua própria vida se realizou um princípio fundamental de comportamento humano: os pais devem educar os filhos e os filhos deixar-se educar pelos pais. Basta contemplar Cristo, para compreender imediatamente essa lição, cuja profundidade e transcendência não podem ser maiores. Que seria uma sagrada família, na qual isto não houvesse se cumprido com a máxima perfeição?

Antes de seguir adiante, é preciso deter-se um momento, para refletir acerca de uma ideia já exposta, ou seja, que a educação deve ser entendida na perspectiva do prolongamento da maternidade, como complemento intrínseco. Tudo o que a Virgem deu a Jesus mediante a educação pressupõe o que ela lhe deu pela geração e parto e se fundamenta nesse acontecimento. É importante ter isto em conta, a fim de não se atribuir à educação uma primazia que hão lhe corresponde. A Virgem se relaciona com Jesus e coopera na salvação dos homens pela sua maternidade, integralmente considerada, a qual implica geração, parto e educação. Desenvolvo aqui principalmente a ideia de educação, porque este ponto está muito esquecido e gostaria de o tirar do ostracismo.

É, com efeito, decisiva a importância da educação materna com vistas no equilibrado desenvolvimento da sensibilidade e afetividade humanas. Em

Cristo, ambas as coisas estavam sempre perfeitamente ordenadas, sem o menor desvio, porque ele, sendo Deus, não podia estar sujeito a menor desordem. No entanto, é mister voltar à ideia já repetida, isto é, que a divindade de Cristo não se anula; por outro lado, reclama o funcionamento humano de sua humanidade, a qual não teria razão de ser se não se manifestasse como humanidade. Aplicando este raciocínio ao caso concreto da educação, há que se afirmar que a divindade de Cristo não somente não exclui a obra de Maria, mas a inclui como meio escolhido para que a imperturbável serenidade das faculdades sensitiva e afetiva de Jesus brotasse conaturalmente do interior delas mesmas e não apenas de fora, da função reitora, hegemônica e subjugante do Verbo. Deste modo, a ação da Virgem e o poder supremo do Verbo se harmonizam, em virtude da comum orientação ao mesmo fim, que é o perfeito equilíbrio da psicologia humana de Jesus.

A sensibilidade de Cristo estava sempre aberta a Maria e de Maria recebia sempre influência benfazeja, exercida por todos os meios de comunicação humana, mas sobretudo pelo comportamento ou pelas obras e trato cotidiano. "Maria agia sempre segundo a vontade do Pai e as inspirações do Espírito Santo, de sorte que não podia dar-se dissonância entre a conduta dela e as legítimas exigências de Jesus. O menino de Nazaré tinha apenas que abrir de par em par a alma a sua mãe, acolhendo-a plenamente. Abandonava-se a Maria com inteira confiança, deixava-se moldar pelos toques delicados do amor dela. É certo que Jesus possuía em si todas as riquezas do amor divino e, quando sublinhamos as qualidades humanas que a educação materna desenvolveu nele, não pretendemos, de modo algum, negar ou apequenar a função da Pessoa divina, pela qual Cristo se formava ao mesmo tempo que se deixava formar. Contudo, foi por meio de Maria, pessoa totalmente de acordo com Deus, que o Verbo se quis dar um coração humano"[16]. A sensibilidade de Cristo encontrou em Maria o meio apto para desenvolver-se, de um lado, de maneira conatural à condição humana, e, por outro lado, em perfeita harmonia com a impecabilidade que lhe é própria.

Creio que o influxo ou a influência materna recaía mais diretamente sobre a sensibilidade de Jesus; entretanto, não se limita a este ponto, pois, a sensibilidade de Cristo, como a nossa e de modo muito mais perfeito que a nossa, integra-se com o resto de sua psicologia humana e, através das faculdades humanas superiores, integra-se com a "psicologia" transcendente do Verbo. O amor sensível de Cristo conduz conaturalmente a seu amor de caridade ou amor espiritual, e este ao divino[17]. O influxo de Maria seguia esta mesma orientação determinada pela constituição de Cristo, vale dizer, irradiava sobre toda a vida humana do Senhor e es-

---

[16] J. Gallot, S.J. *El Corazón de Cristo*, Bilbao, 1963, p. 69.
[17] Um bom desenvolvimento do tema encontra-se em Pio XII, *Haurietis aquas*: AAS, 48 (1956), 327-328, 343-344.

tabelecia uma compenetração entre o filho e a mãe em todos os "níveis".

Ação educativa de Maria e sacrifício da cruz

A educação deve ajustar-se às exigências gerais da natureza humana e à missão concreta da pessoa. Não é possível duvidar que este princípio se realizou em Jesus. A Virgem cumpriu sua função em perfeita sintonia com a vontade divina. A fé nos ensina que ela não cometeu nem o mínimo pecado venial, o que significa que na educação de Jesus, Maria empregou tudo o que se pedia e como se pedia.

A obra educativa de Maria, de um lado, encontra-se em total dependência da missão salvífica de Jesus e, por outro lado, contribui para o cumprimento desta missão, é dizer, representa um modo de cooperação da Virgem para com a salvação da humanidade. Tudo o que a fé ensina sobre a própria salvação e sobre as maneiras como se realizou serve de base para se conhecer a orientação e o conteúdo da educação que Maria deu a Jesus.

Entre os modos mais característicos da redenção está o sacrifício ou a imolação de Cristo na cruz, compreendida conforme o designío preciso que ele lhe deu, isto é, enquanto orientada à glória e à ressurreição.

Jesus foi anunciado com estas palavras: "Ele salvará seu povo dos pecados"[18]. Ao fim da sua vida,

---

[18] Mt 1, 21.

o mesmo Jesus explica o sentido e o valor de sua morte com estoutras palavras que ocupam o lugar central na liturgia da missa: "Este cálice é a nova aliança em meu sangue, que será derramado por vós"[19], "para remissão dos pecados"[20]. Jesus cumpre sua missão salvífica, derramando o sangue, seu próprio sangue, o qual celebra e contém a *nova aliança*, ou seja, a plenitude de bens que Deus destina aos homens. Jesus salva morrendo. Seu sacrifício é o núcleo central da redenção. A Carta aos Hebreus desenvolve amplamente o tema do sacrifício de Cristo e seu posto essencial na obra salvífica. Todas as demais modalidades que na obra salvífica se podem assinalar ordenam-se ao sacrifício e subordinam-se a ele. A redenção é uma aliança nova *pactuada no sangue do Senhor*.

Estas supremas verdades acerca do modo como foi realizada a redenção iluminam poderosamente a obra educativa de Maria e permitem ver, de uma perspectiva nova, notavelmente discutida pela teologia, sua inserção na própria redenção.

A educação que Maria deu a Jesus estava totalmente orientada a fomentar e desenvolver nele uma psicologia de vítima redentora, preparando-o para a imolação cruenta da cruz. Não seria fácil precisar que conhecimento concreto tinha Maria sobre o modo como Jesus terminaria sua vida terrena; certamente, há necessidade de se admitir um desenvolvimento,

---

[19] Lc 22, 20.
[20] Mt 26, 28.

um progresso da consciência de Maria neste particular[21], mas não se pode negar que a Virgem, desde o princípio da vida terrena de Jesus, conheceu sua condição de messias e que ela mesma se colocou totalmente a seu serviço. Pensar as coisas de outro modo é violentar os textos claros da escritura sagrada e supor gratuitamente que nas relações entre Maria e Jesus não se cumpriu um princípio-chave da providência divina. Deus prepara as pessoas para a missão que lhes confia. Seria intolerável supor que este princípio deixou de se cumprir precisamente na Virgem.

A Virgem, por seus ensinamentos, por suas conversações, pela totalidade de seu comportamento, contribuiu positivamente para desenvolver em Jesus a psicologia de quem sabe estar destinado a sofrer a morte de cruz para a redenção da humanidade. A educação dada pela mãe foi coerente com a missão do filho, uma vez que era uma educação que estava a serviço da missão e era exigida pela mesma missão. A Virgem, conhecendo a missão superior de seu filho, entregava-se com todo o seu ser e, ao mesmo tempo, esta entrega total representava sua máxima contribuição na educação de Jesus.

Depois de todos estes raciocínios, vai chegando a hora de tirar algumas conclusões. Jesus Cristo salvou os homens sobretudo pela sua imolação na cruz, no entanto, essa imolação leva em si todo o conteúdo

---

[21] O Concílio Vaticano II fala frequentemente do progresso da Virgem no conhecimento do plano de Deus, progresso que tem de afetar especialmente a obra de seu Filho.

da educação que ele recebeu de Maria e que exatamente visava a prepará-lo para o sacrifício redentor. Na cruz está Cristo. Não um Cristo abstrato, que nunca existiu, mas o único e verdadeiro, quem foi educado por Maria com vistas à cruz, quem, portanto, faz subir consigo à cruz toda a cooperação da Virgem. Em outros termos, a obra educativa de Maria está integralmente contida no sacrifício redentor de Cristo.

Cristo salva os homens por si mesmo, pela sua própria imolação, através do sacrifício sangrento que ofereceu na cruz. Todavia, neste sacrifício que ele, e apenas ele, fez porque quis, incluem-se os bens que ele recebeu de sua mãe, porque assim o quis livremente. Cristo poderia fazer as coisas de outro modo, sem embargo, fê-las assim e nós devemos reconhecê-lo se quisermos, como é nosso dever, aceitar a totalidade de sua obra. Tudo isso exalta a participação de Maria no sacrifício redentor e mostra que ela ocupa no mistério de Cristo um posto verdadeiramente essencial. Cristo mesmo determinou esse lugar essencial de Maria.

Ao exaltar a função salvífica de Maria, na realidade, não se faz mais nada que resgatar para a obra da salvação alguns valores notoriamente preteridos na teologia deste mistério. Refiro-me particularmente aos valores contidos na sensibilidade e no amor sensível de Cristo, que sempre estiveram a serviço da redenção e que, de maneira mais direta, receberam o influxo da ação educativa de Maria.

A devoção ao Coração de Jesus, seriamente entendida, é meio exímio de integrar esses valores no mistério da redenção, como o demonstra reiteradamente a encíclica *Haurietis aquas*, de Pio XII. Muitos teólogos atuais, por razões pouco escusáveis, não estão nada propensos a levar a sério essa devoção. Esperemos que a teologia mariana, malgrado não goze do fervor de determinados «profetas mentores do pensamento», contribua para com a recuperação, na teoria e na prática, dos aludidos valores, integrando-os ao conjunto da obra de Cristo.

Essa recuperação, por sua vez, é a base para descobrir o valor teológico e sobrenatural da expressividade humana de ordem religiosa, que tem seu ápice na liturgia. Nossa sensibilidade situa-se também sob a redenção de Cristo e serve para proclamá-la e difundi-la pelo mundo. Mas, nada disto seria possível nem compreensível, se a sensibilidade de Cristo não houvesse tido uma função ativa no momento original da redenção, sobretudo na morte de Jesus, que é o centro da redenção. Falar de sensibilidade e de amor sensível de Cristo e considerá-los como princípios ativos da redenção não tem nada a ver com sentimentalismo vazio. Trata-se visivelmente de uma consequência elementar de quem crê que o Filho de Deus nos salva através de toda sua humanidade e dos atos da sua vida humana, pois precisamente para salvar-nos, tomou nossa natureza.

Para se ter uma ideia global exata da participação de Maria no sacrifício da cruz, é preciso recordar o que se disse anteriormente acerca da educação como prolongamento e complemento da maternidade. Se se toma a educação como realidade independente e autônoma, corre-se o risco de dar-lhe importância superior a que possui, deixando, pelo contrário, em segundo plano, a própria maternidade, a qual, sem dúvida, é o maior privilégio da Virgem e o que confere a medida plena das funções que lhe competem na obra da redenção, assim como na comunidade dos redimidos. O Concílio Vaticano II tem um parágrafo denso ao qual é mister prestar atenção se se quiser compreender o papel de Maria e a maneira principal como ela o exerce. A Virgem, diz o Vaticano II, foi "(...) nesta terra a sublime mãe do redentor, singularmente mais que os outros sua generosa companheira e humilde serva do Senhor. Ela concebeu, gerou, nutriu a Cristo, apresentou-o ao Pai no templo, compadeceu com seu filho que morria na cruz. Assim, de modo inteiramente singular, pela obediência, fé, esperança e ardente caridade, ela cooperou na obra do salvador para a restauração da vida sobrenatural das almas"[22]. Toda esta cooperação mariana é que Cristo toma e conduz à plenitude, quando se imola no sacrifício cruento para redimir os homens.

Educação de Maria e sacrifício eucarístico

O sacrifício eucarístico é a comemoração e a renovação do sacrifício da cruz, tem o mesmíssimo

---
[22] LG 61.

conteúdo e somente difere do sacrifício da cruz no modo de oblação, o qual na cruz se realizou cruentamente, ao passo que na eucaristia não há derramamento de sangue. É a mesma vítima na cruz e sobre o altar onde se celebra a missa.

Por conseguinte, no sacrífico da missa contém-se todo o fruto da cooperação da Virgem. Na missa se imola uma vítima que ela preparou para a imolação. Todo o dinamismo da maternidade divina de Maria se orienta para a imolação. Ela concebeu e deu à luz Cristo como cabeça da humanidade que havia de imolar-se para redimir os homens; ela lhe deu uma educação totalmente adaptada às exigências de um sacrifício através do qual Cristo salvou a humanidade. Cada vez que se celebra a missa, atualiza-se toda a obra que Maria realizou ao lado de Cristo e em dependência dele. É Cristo mesmo quem dispôs as coisas assim, porquanto a Virgem, por si mesma, jamais poderia realizar nada disso.

Qualquer intento de negar ou restringir o influxo que a Virgem, por vontade expressa de Cristo, tem no sacrifício da missa, periga empobrecer a ação salvífica. A Cristo não se pode impor normas. Temos de aceitar as normas que ele nos dá, porque, somente tais normas exprimem a vontade dele e nos conduzem à salvação, vale dizer, conduzem-nos ao próprio Cristo.

A Virgem e a eucaristia como sacramento

Pouco há para dizer sobre este ponto em particular. Seria possível falar das analogias existentes entre o fato da encarnação do Filho de Deus em Maria e a "entrada" de Deus nos homens mediante a comunhão eucarística. Todavia, tais analogias, sempre úteis para a melhor compreensão do sacramento, quiçá não servem para explanar o que nos interessa. Efetivamente, não se cuida de traçar um *paralelismo* para descobrir *coincidências* mais ou menos fundadas, mais ou menos próximas; o que se pretende é descobrir o *influxo causal* que a Virgem exerce através do sacramento da eucaristia e mediante sua recepção pelos fiéis. O fiel que comunga não se encontra em uma posição paralela a da Virgem; está subordinado a ela e submetido a sua ação.

A maneira como tudo isto se realiza está subentendida no que se disse anteriormente. A comunhão eucarística consiste em receber a vítima imolada no sacrifício. Se Cristo, que é a vítima, inclui em seu sacrifício toda a cooperação de Maria, quando ele se dá na comunhão, dá-se desse modo preciso e não de outro modo. É impossível uma comunhão na qual não atue e não tome parte o influxo salvífico de Maria, uma vez que, em última análise, tal absurda hipótese conduziria a verdadeira contradição, isto é, a pensar que Cristo, ao dar-se em alimento na comunhão, deixa de ser o mesmo homem que, como vítima, imolou-se no sacrifício. A identidade entre vítima imolada e alimento recebido assegura o influxo de Maria na comunhão, a despeito de qualquer tentativa de dissociação que os homens pretendessem ou quisessem introduzir.

Maria exerce este influxo por graça de Jesus, uma graça implicada no fato de que ele quis associá-la ao seu próprio sacrifício. Entretanto, dizer que Maria, com a graça de Jesus, cumpre determinada função é coisa bem distinta que dizer que não a cumpre. É sempre relevante pôr de manifesto a pequenez e a debilidade de Maria diante da infinita grandeza e onipotência de Jesus. Sem embargo, ao se estabelecer esta comparação, devemos ter cuidado para não presumir que a onipotência de Jesus não poderia exaltar e magnificar a pequenez de Maria, porque semelhante pressuposição seria, entre outras coisas, uma maneira bem estranha de compreender a onipotência de Jesus. Muita vez, fala-se destes temas como se a obra de Jesus, e concretamente esta grande "obra" que é sua mãe, pudesse ofuscar a glória do autor, quando, pelo contrário, simplesmente proclama a glória alto e bom som.

Crer em Jesus, com tudo que a realidade redentora implica, submetendo cabalmente a inteligência, não é tarefa fácil! Mais de uma vez o homem, esse homem que diz zelar tanto para que Maria não ofusque a missão de Jesus, sente-se com forças para dar a Jesus "bons conselhos", indicando-lhe que caminhos não lhe convêm seguir em relação a sua mãe.

A Virgem e a eucaristia como presença permanente de Jesus

A presença permanente de Jesus na eucaristia e a legitimidade do culto que se tributa são verdades reveladas, expressamente definidas pela Igreja como verdades de fé. Supostas as definições de fé, agora interessa saber se a Virgem tem alguma palavra a dizer a respeito da conduta que o fiel cristão deve observar neste ponto concreto.

Uma coisa está clara no novo testamento: Maria, pelo trato pessoal e contínuo com Jesus, progredia no conhecimento do plano de Deus sobre a salvação do mundo. Maria *refletia* sobre Jesus e sobre todas as coisas que ocorriam em torno de seu filho. Evidentemente, não refletia por entretenimento, mas para assimilar o mistério de seu filho, com crescente perfeição e a fim de identificar-se mais plenamente com ele. Contemplando Jesus e tratando com ele, a Virgem progredia. O comportamento da Virgem foi desejado e determinado por Deus, para revelar aos homens sua vontade precisa sobre este ponto e para oferecer-lhes um modelo em que poderiam enxergar intuitivamente o cumprimento fiel dessa vontade.

Sob este aspecto, como em tudo que se refere à vida cristã, a Virgem encarna e realiza a imagem perfeita do discípulo de Jesus. Cada fiel cristão e a Igreja universal têm nela um grande modelo[23], um modelo que não atua somente desde o exterior, mas que influi igualmente sobre o interior das pessoas, e se introduz no íntimo da Igreja, para produzir ali, por graça de Jesus, uma disposição análoga à que ela mesma adotou durante sua vida terrena.

---

[23] LG 58, 63-65.

A Virgem Maria é a grande manifestação de que o trato íntimo e direto com Jesus tem eficácia inteiramente especial para chegar ao conhecimento esclarecido do mistério de Jesus e dos caminhos pelos quais se atualiza a obra salvífica.

Esta é, pois, a palavra que a Virgem, com seu simples comportamento, pronuncia para todos: vá a Jesus. E pronuncia de tal modo que simultaneamente imprime uma força para o cumprimento.

É verdade que o trato com Jesus pode fazer-se de muitos modos. Mas, isso sabia-o também a Virgem melhor que qualquer um de nós e, nada obstante, buscava sua presença real com todas as forças. Exageros de Maria? Deus subscreveu estes exageros! Quem ansiou pela presença de Jesus mais intimamente, mais serenamente, mais razoavelmente, que sua mãe?

Se se menoscaba o modo principal da presença de Jesus entre os homens e não se cultiva cuidadosamente um trato com Jesus que se calque nesse modo de presença, em uma palavra, se não se procura a companhia de Jesus no sacrário, todos os apelos a outros modos de presença constituem puro engano ou vã evasiva. Os modos de presença menos importantes dependem dos mais importantes[24], têm neles seu fundamento e estão a seu serviço. Quando apenas servem de pretexto para descuidar do mais importante, não se pode afirmar honradamente que são levados a sério no caminho para o encontro de Jesus.

---

[24] SC 7a.

A revelação divina está compendiada no próprio Jesus[25]. Ele é a chave para se entender qualquer palavra escrita. A escritura sagrada, lida e meditada na presença de Jesus, torna-se mais luminosa, porque está situada no seu centro e envolta na atmosfera que lhe é própria. Nunca as palavras de Jesus se compreendem tão bem como na presença dele mesmo.

A Virgem apresenta-se ante os fiéis de hoje como se apresentou aos fiéis de todos os tempos, a fim de fazer ressoar em seus ouvidos esta grande palavra. Ela mesma, com o comportamento que teve, é o melhor testemunho do muito que a todos importa escutar essa palavra docilmente e lhe dar fiel cumprimento na própria vida.

O Concílio Vaticano II apresenta a Igreja recolhida na contemplação da palavra de Deus como meio de progredir na sua compreensão, servindo-se das mesmas palavras com que são Lucas descreve a vida contemplativa de Maria[26]. Pois bem, a contemplação de Maria perderia seu verdadeiro sentido se alguém tentasse isolá-la da presença de Jesus. Portanto, conforme a doutrina do Concílio Vaticano II, a contemplação da Igreja liga-se essencialmente ao mistério da presença de Jesus, sendo que essa vinculação, precisamente por ser essencial, deve ter manifestações concretas na vida da comunidade cristã e de cada um dos fiéis individualmente.

---

[25] DV 4a.
[26] DV 8b. O concílio não só se serve do sentido das palavras, mas indica expressamente a referência às passagens evangélicas.

A Virgem conduz-nos a Jesus por caminhos concretos, os caminhos que ela percorreu primeiro, já que os percorreu com a finalidade de mostrar aos homens por onde se chega a Jesus.

VI. A Virgem Maria e o sacramento da penitência

A Virgem Maria, por sua união com Cristo, tem e exerce uma maternidade sobre os homens, que consiste em "contribuir na *restauração* da vida sobrenatural nas almas"[1]. A maternidade mariana com relação aos homens se orienta para uma *restauração*, porque ela mesma faz parte da obra global de Jesus Cristo, que veio ao mundo para *restaurar* todas as coisas, em cumprimento do plano eterno de Deus Pai[2].

Restauração e redenção

Restaurar é ato que pressupõe situações anteriores, a primeira das quais se caracteriza pela posse de determinado bem, e a segunda pela perda desse bem. A restauração concreta, levada a cabo por Jesus Cristo, pressupõe a vida divina que Deus

---
[1] LG 1.
[2] Ef 1,10.

havia comunicado ao homem, desde o momento em que o criou, e a perda dessa vida como consequência do pecado do homem. Cristo, enquanto restaurador, relaciona-se a Adão, em seu duplo estado de inocente e pecador. Efetivamente, Adão, de um lado, é a "figura de quem havia de vir"[3], mas, de outro lado, é o causador da morte e do pecado que penetraram a humanidade e contra os quais somente Cristo dá remédio eficaz. "Por conseguinte, assim como pela falta de um só resultou a condenação de todos os homens, do mesmo modo, da obra de justiça de um só, resultou para todos os homens a justificação que traz a vida"[4].

O conceito de restauração, por si só, não é suficiente para dar a ideia do conteúdo da redenção. São Paulo destaca com grande força o princípio fundamental de que Cristo não se limita a reparar os males causados por Adão, mas realiza uma obra cuja perfeição supera incomparavelmente a malícia do pecado e introduz os homens na participação de dons muito superiores aos que possuíam os primeiros pais da humanidade antes de pecar. "O dom – disse são Paulo – não é como foi a transgressão"[5], mas supera-a, à medida que a santidade de Cristo supera o pecado do primeiro homem e qualquer homem, bem como de todos os homens juntos. São Paulo não cessa de cantar as "riquezas" insondáveis

---

[3] Rm 5,14.
[4] Rm 5, 18.
[5] Rm 5, 15.

e inesgotáveis contidas em Cristo e na redenção com a qual ele salva os homens.

A obra de Cristo não pode ser aprisionada no único conceito de restauração. Mas, tampouco pode ser compreendida se se prescindir de que Cristo restaura a ordem destruída pela culpa de Adão e libera do pecado que ele introduziu no mundo. Quando a Igreja insiste em manter viva entre os homens a consciência da realidade do pecado, ou dos pecados de cada um, não pretende primeiramente colocar o homem diante do fato desolador da sua miséria moral, mas proclamar sua fé no Filho de Deus que veio ao mundo, encarnando-se em Maria Virgem, derramando seu sangue "para salvar o povo de seus pecados"[6]. Ao se negar ou não se levar a sério o pecado, não é possível entender a obra de Jesus, nem seu nome, nem mesmo sua pessoa, que se nos revela precisamente através da obra de redenção.

A pessoa de Maria e sua maternidade, tendo em Cristo seu fundamento, seu fim e toda sua razão de ser, permanece envolvida nessa mesma "lei", de maneira que nós não a compreenderíamos, com a limitada compreensão de que somos capazes, se desconsiderássemos que se trata de maternidade que tende a *restaurar*, juntamente com Cristo e em dependência dele, uma vida que o pecado havia destruído e que continua sendo destruída pelos pecados de cada um de nós. Vale dizer, a pessoa de Maria e sua materni-

---

[6] Mt 1, 21.

dade integram o plano pelo qual Deus quer libertar em Cristo o mundo inteiro de seus pecados.

Modalidades da redenção

A redenção de Cristo contém modalidades múltiplas que nos ajudam a compreender melhor a bondade inesgotável de Deus para com o homem e a espantosa malícia do pecado com que esse homem ofende a Deus. Uma dessas modalidades é a *expiação*. Cristo nos salva *expiando* nossas culpas, oferecendo uma *reparação* adequada e sobreabundante pelas ofensas que cada um e todos juntos cometemos contra Deus, de modo que, em atenção a essa obra de Jesus Cristo, concede-nos a remissão de todos os pecados (primeiro através do batismo e, depois, por meio do sacramento da penitência).

Hoje alguns não querem falar de pecado e menos ainda de que o pecado seja *ofensa* contra Deus. De outra banda, se se nega a *ofensa*, a expiação carece de sentido. Porém, a sagrada escritura fala com clareza meridiana tanto sobre a ofensa que o homem fez a Deus pelo pecado quanto sobre a reparação oferecida por Jesus Cristo. Ambas as ideias se encontram em todos os escritos do testamento novo; para citar algum especificamente, bastará mencionar a Carta aos Hebreus e a Primeira Epístola de São João.

O papa são Paulo VI insistiu muitas vezes acerca do tema da *ofensa* que o pecado inflige a Deus. Certa vez expressou-se deste modo: "o pecado não é somente defeito pessoal, mas *ofensa interpessoal que, procedendo de nossa pessoa, chega a Deus*; não é somente falta à legalidade do ordenamento humano, culpa contra a sociedade ou contra nossa lógica moral interior; *é ruptura moral do vínculo vital, objetivo, que nos une à fonte única e suprema da vida, que é Deus*... O pecado leva consigo uma *maldição*, a qual seria condenação irreparável, se Deus mesmo não tomasse a iniciativa de nos socorrer, iniciativa reveladora de sua onipotência na bondade e na misericórdia. Isto é maravilhoso. *Esta é a redenção, a suprema libertação*"[7].

O homem ofende a Deus com uma ofensa que o faz incorrer em *maldição*. Mas, Cristo *expiou* a ofensa, *reparou* a culpa e nos livrou da *maldição*, "fazendo-se ele mesmo maldição para nós", a fim de que sobre nós "se estendesse a bênção de Abraão"[8].

A união salvífica de Maria com Cristo implica sua associação a esta modalidade concreta da obra redentora, que é a *expiação* dos pecados. Maria – diz o Concílio Vaticano II – "consagrou-se totalmente, como escrava do Senhor, *à pessoa e à obra de seu filho, servindo sob ele e com ele, ao mistério da redenção*"[9].

Maria serve não apenas a uma pequena parte da redenção, mas "ao mistério da redenção" tal como é, ou considerado em sua plenitude e sob a to-

---

[7] São Paulo VI, alocução na audiência geral de 8/3/1972: *Ecclesia* (março de 1972), p. 6 (398).
[8] Gl 3, 13 e 14.
[9] LG 56.

talidade de modalidades, porque se é verdade que ela está sempre *sob* Cristo, ela também está *com* Cristo. Maria, portanto, serve a redenção, à medida que esta é determinante *reparação* ou *expiação* das ofensas cometidas pelos homens contra Deus.

Redenção e sacramento da penitência

Os sacramentos são os meios principais dados por Deus ao homem para entrar em contato com a redenção e participar de seus frutos. Mas, cada um dos sacramentos tem um modo peculiar de relacionar-se com a redenção, modo que deve refletir-se nas disposições do cristão para receber o sacramento. Não é o mesmo, por exemplo, receber a confirmação ou crisma e receber o matrimônio, nem, portanto, podem ser idênticas as atitudes e as disposições com as quais o cristão se aproxima de um ou outro sacramento.

O sacramento da penitência se ordena peculiarmente a *expiar* os pecados; através deste sacramento, Deus perdoa os pecados cometidos depois do batismo. O cristão que o recebe deve oferecer a Deus uma *reparação* pelo pecado enquanto ofensa pessoal cometida contra Deus. Contudo, como o homem, por si mesmo, é incapaz de *expiar* suas culpas e de oferecer a Deus a *reparação* devida, o sacramento da penitência implica que o cristão que o recebe entra pela fé em contato com a expiação e a reparação sobreabundante oferecida por Cristo mediante o conjunto da obra salvífica. Ao confessar seus pecados pessoais concretos, de forma oral e externa, manifestando arrependimento e pedindo a absolvição, é dizer, ao receber o sacramento da penitência, o cristão proclama que crê em Cristo e que Cristo é a vítima que se ofereceu voluntariamente ao Pai para a expiação dos pecados de toda a humanidade.

Os conceitos de reparação e expiação pelo pecado têm importância capital em toda a história do sacramento da penitência, assim como na doutrina que a Igreja propõe a partir da instituição desse sacramento por Jesus Cristo. "Penitência quer dizer reforma, quer dizer *expiação*; reforma e expiação que supõem alteradas nossas relações com Deus; supõem uma desordem fatal entre nós e Deus; supõem a ruptura do laço de união de nossa vida e de seu destino com a fonte de vida verdadeira, que é Deus; ruptura que se chama pecado, a mais grave desgraça que pode sobrevir ao homem, porque produz sua morte eterna, diferida agora, mas já decretada; e, também, porque o homem, por suas próprias forças, não podia remediar ruina tão grande. O homem, por si mesmo, é capaz de perder-se, não de salvar-se. *A penitência se refere ao pecado; e o pecado à separação do Deus vivo*"[10].

O pecado mortal separa de Deus, porque ofende-o gravemente. Para restaurar a amizade, é necessário reparar a ofensa e expiar a culpa. Para isto,

---

[10] São Paulo VI, alocução na audiência geral de 16/2/1972: *Ecclesia* de 26/2/1972, p. 5 (285).

Deus oferece o sacramento da penitência, pelo qual o cristão se une à expiação de Cristo e, mediante a graça, faz sua a reparação que Cristo ofereceu a todos. O sacramento da penitência, ao ser instrumento divino para perdoar ou apagar os pecados, é um meio excelente de assimilar, robustecer e proclamar a fé em uma modalidade concreta da redenção de Cristo, em seu caráter de expiação e reparação por todos os pecados.

Quando se considera o sacramento da penitência somente em relação com o homem e com os sacrifícios que exige, perde-se a verdadeira perspectiva teológica e, em consequência, as dificuldades se acumulam até o ponto de obscurecer a própria fé neste sacramento. É certo que o sacramento da penitência impõe sacrifício. Mas, que sacramento não o impõe? A união com a expiação de Cristo pode se efetivar pela via do divertimento? Para Cristo, haver expiado os pecados dos homens é glória singular, conquistada, certamente, na amargura e na dor. Quando o cristão recebe o sacramento da penitência, associa-se à expiação de Cristo e, sob a ação da graça que Cristo oferta, coopera com a própria salvação, através da confissão oral e pessoal e da dor e arrependimento de suas culpas. Para o conjunto das criaturas, é perfeição elevada cooperar sob a ação de Deus com o governo do universo. Muito mais para o cristão, é uma graça singular oferecer a cooperação pessoal para que a expiação de Cristo se faça efetiva na sua própria vida.

A pessoa de Maria no sacramento da penitência

A Virgem, segundo se escreveu antes, esteve associada à expiação que Cristo ofereceu pelos pecados dos homens, como consequência de haver estado totalmente unida com ele em todos os momentos e atos da vida do redentor. Desta feita, quando se fala da expiação de Cristo presente e atuante através do sacramento da penitência, não se exclui, muito pelo contrário, inclui-se a cooperação de Maria nesta precisa modalidade de redenção. Assim como Cristo, em sua paixão, assume toda a compaixão da mãe e a faz sua própria, dando-lhe virtude de atuar para a salvação dos homens, assim também o mesmo Cristo inclui em sua expiação a coexpiação de Maria, oferecida principalmente ao lado da cruz, tornando-a eficaz para o bem dos homens e aplicando-a pelos mesmos meios que aplica a sua própria expiação, é dizer, de modo principal por intermédio do sacramento da penitência.

Se alguém separa do sacramento da penitência a coexpiação de Maria, introduz entre ela e Cristo uma divisão que nunca existiu nem tampouco pode ser admitida. Mas, sobretudo, mutila a própria expiação de Cristo, uma vez que é Cristo quem assume em sua expiação toda a cooperação expiatória de sua mãe. Toda tentativa de eliminar a coexpiação de Maria implica arrancar algo de Cristo e, por conseguinte, não leva a um conceito mais depurado e profundo da redenção, mas conduz diretamente a seu empobrecimento. Acredito que a situação atual de muitos cristãos na Igreja oferece um comentário assaz claro.

O Concílio Vaticano II expressou certas ideias bastante importantes que convém recordar agora. "A bem-aventurada Virgem, predestinada desde toda a eternidade, *juntamente com a encarnação do Verbo* para mãe de Deus, foi na terra, por designío da divina providência, a mãe augusta do divino redentor, sua colaboradora com generosidade singular entre todas as criaturas e humilde escrava do Senhor"[11].

Assim sendo, a pessoa da Virgem fica incluída no mesmo "decreto" de predestinação, pelo qual Deus quis a encarnação de seu Filho para ser o redentor da humanidade. Em consequência, a Virgem Maria está vinculada à pessoa e à obra de seu Filho de tal modo que é impossível introduzir divisões ou separações, sem atentar contra o próprio plano de Deus, que coloca Maria como *colaboradora* e *escrava*, e não como a pessoa principal. Mas, é necessário acrescentar também uma consideração já repetida, ou seja, que servir ao mistério da redenção como *colaboradora* e *escrava* de Cristo é algo bem distinto de não servir a esse mesmo mistério.

A Virgem Maria é colaboradora e escrava de Cristo. Tanto se distancia do plano de Deus quem pretende atribuir-lhe algo a mais, como quem resiste a reconhecer esta função, mesmo que tente camu-

---
[11] LG 61.

flar sua resistência com o pretexto de exultar o primado universal e único de Cristo. Uma *colaboradora* e *escrava* não ofusca o primado de ninguém, muito menos o de Cristo.

Expiação e regeneração

O sacramento da penitência perdoa os pecados porque aplica sempre a expiação de Cristo, na qual se deve considerar incluída e como que fusionada a coexpiação de Maria. Quando o sacramento é recebido para conseguir o perdão dos pecados graves, ocorre verdadeira regeneração, porque o cristão havia perdido a graça sobrenatural e a filiação divina recebida no batismo e, por ação do sacramento da penitência, recupera-as. Sob este ponto de vista, dá-se profunda analogia em face da penitência e do batismo, analogia reconhecida desde os primeiros tempos do cristianismo.

Assim consideradas as coisas, a ação de Maria no sacramento da penitência guarda singulares analogias com a ação que ela exerce no batismo e, ao mesmo tempo, é requerida por motivos análogos. O batismo inaugura uma vida divina familiar que supera em muito a condição humana, mas que se encarna em homens, os quais não perdem seu estado ao se tornarem cristãos. Pois bem, o homem não pode conceber a ideia de aquisição de uma vida e de uma família, prescindindo do concurso de uma mãe. Por isso, a presença de Maria no batismo constitui ajuda eficacíssima que Deus oferece ao homem, a fim de que o homem possa captar melhor a paternidade divina, a índole familiar da vida sobrenatural cristã e as harmonias que esta apresenta em relação à família humana. Acerca deste ponto, não precisamos insistir. Basta recordar o que escrevemos acerca do batismo.

Na regeneração penitencial subsequente ao pecado grave ocorre algo parecido. O pecador, que se havia excluído, "excomungado" da família dos filhos de Deus, entra nela de novo graças à expiação de Cristo aplicada pelo sacramento. Igualmente a presença de Maria neste tipo de regeneração é ajuda inestimável.

Os mistérios da fé não podem ser pensados em termos sentimentais. Mas, seria também erro lamentável supor que a frieza sirva para alguma coisa nesta matéria. Desta feita, reflitamos um pouco, sem sentimentalismo e sem frieza. Quando um filho foge da família e, mais tarde, deseja sinceramente voltar, normalmente falando, o que vê em sua mãe? Impedimento para retomar a vida familiar? Uma ajuda? A resposta a estas perguntas não parece suscitar dúvidas.

O cristão que ofende gravemente a Deus abandona a vida sobrenatural, "foge" da vida divina e de sua família. Se a ofensa for leve (venial), ainda que não importe a perda da graça sobrenatural nem a "fuga" da família divina, supõe certo apartamento, algum tipo de distanciamento. Em um caso ou outro, o arrependimento implica o desejo do retorno ao Pai e a todos os irmãos. Será possível que no momento de se realizar o retorno, a Virgem, que é mãe de todos, não tenha nada que fazer ou que sua ação "estorve" a Cristo? O sentido cristão elementar oferece imediatamente a resposta a esta indagação.

No caso concreto da penitência, a presença de Maria reveste matiz especial que facilita sua compreensão. No sacramento da penitência, o pecado é considerado sob a modalidade precisa de *injúria*, *ultraje* e *ofensa* a Deus, vale dizer, como verdadeira injustiça que perturba as boas relações do homem com Deus e que faz surgir o dever de reparação, *por justiça*. A absolvição sacramental dada pelo sacerdote é, entre outras coisas, um *juízo* ou *julgamento*[12], um juízo instituído por Cristo para *reconciliar* o pecador com Deus, mas julgamento em sentido próprio e formal.

O sacramento da penitência faz o homem cobrar consciência de que Deus é, certamente, Pai misericordioso, mas que não por isso, deixa de ser justo juiz, que conhece bem o "frágil barro" em que é forjado o homem e, por este motivo, está sempre inclinado ao perdão.

De que meios se serve Deus para fazer com que o homem compreenda sua misericórdia? De muitos, sem dúvida; o envio de seu Filho para expiar nossos pecados é o maior de todos[13]. No entanto, o

---

[12] Com sentido judicial instituiu Cristo este sacramento e, assim, o aplicou sempre a Igreja.
[13] Veja-se o que escrevi em *El sacerdocio en la Iglesia*, Pamplona, 1968, pp. 63-68.

homem necessita de abundância de meios e de modos "mais humanos", mais próximos a sua condição de pura e simples criatura. A esta "necessidade humana" quis Deus prover, dando aos homens uma mãe, que é a Virgem Maria, a qual, no que tange concretamente à penitência, possui a grande missão de proclamar intuitivamente ante os homens que a justiça de Deus, sem deixar de ser justiça, tem "entranhas maternais".

A ação da Virgem, seja no sacramento da penitência, seja em qualquer outro, não é necessária para Deus; mas, é sumamente útil para que entendamos de modo intuitivo e vital os caminhos escolhidos por Deus para nos salvar. A Virgem não faz com que Deus seja misericordioso, nem tem a missão de "obstar os golpes da justiça divina". Maria, com sua simples presença, descobre-nos, de modo mais conatural, a nossa condição humana, que Deus é misericordioso por si mesmo e que sua justiça, sendo bastante verdadeira, não tem nada a ver com um sentimento de vingança, ao qual o homem que busca unilateralmente a justiça costuma sucumbir com demasiada facilidade.

Maria não pode ser pensada nunca como "corretivo" de Deus. Ela é, depois de Jesus Cristo, subordinada a ele e unida a ele, a manifestação mais esplendorosa dos atributos de Deus e, dada nossa condição humana, nos ajuda a captar aspectos das perfeições divinas que, de outro modo, ou permaneceriam ocultos ou nós os perceberíamos com menos clareza.

No caso concreto da penitência, Maria nos ajuda a compreender melhor a índole e a finalidade misericordiosa do *juízo* que se realiza neste sacramento.

Transparência

Uma das peculiaridades do juízo penitencial é que a manifestação dos "delitos" deve ser feita pelo próprio "delinquente". Esta característica, de um lado, implica que o juízo ou julgamento está orientado ao perdão, já que seria inumano pedir ao delinquente a declaração de suas culpas *para ser punido*; mas, de outro lado, exige-se uma *transparência total*, com que o pecador ponha a consciência totalmente a descoberto, uma vez que somente tal disposição de ânimo é adequada para receber o *perdão total*, através do qual os pecados são lançados para sempre no "abismo do esquecimento". É a transparência que se obtém por meio de uma confissão oral íntegra, humilde e sincera.

Pois bem, entre todas as criaturas, não é Maria quem apresenta e encarna o mais alto ideal de transparência nas relações do homem com Deus? Não será Maria suave e poderoso estímulo para superar as dificuldades inerentes à confissão sacramental? Mais ainda, ela não convida à aceitação dessas dificuldades, para transformá-las em meio de expiação das culpas próprias e alheias?

Através de Maria, além de se compreender melhor que a justiça de Deus é misericordiosa, podemos nos dar conta de que o que pode parecer uma dificuldade, a confissão das próprias culpas ao sacerdote (que representa Cristo e atua em seu nome), é, na realidade, uma facilidade. A virtude da sinceridade, já em si humanamente valiosa, faz-se mais necessária e adquire valor sobrenatural na confissão. O sacramento da penitência e o estímulo da Virgem nos facilitam a sinceridade e transparência nas relações com Deus.

Na comunhão universal

A expiação devida pelo pecado não pode ser limitada aos aspectos individuais. Cristo expiou os pecados da humanidade inteira. A Virgem Maria, na sua obra de coexpiação ao lado de Cristo e dependente dele, não introduz limitações, mas se situa dentro do mesmo horizonte universal.

O sacramento da penitência, ao ser recebido por cada cristão individual, tende a despertar a solidariedade com todos os homens; à medida que cada um se aprofunda mais na consciência de seus deveres para com o próximo, qualquer que seja sua situação concreta, tanto melhor se dispõe para receber copiosamente os frutos da expiação de Cristo e da coexpiação de Maria.

Até o presente, a catequese tem insistido pouco neste tema. No futuro, será necessário prestar a este assunto grande atenção.

VII. A Virgem Maria e a unção dos enfermos

A unção dos enfermos ou extrema-unção[1] é um sacramento quase sempre preterido. Há tratados teológicos que lhe dedicam escassa atenção e a catequese tampouco mostra interesse nele. A especial natureza deste sacramento, sua menor importância em comparação com os outros, bem como circunstâncias históricas de diversas índoles podem bastar para explicar teoricamente o abandono que frequentemente tem sofrido por parte das diversas formas e níveis de ensino, porém, nunca serão suficientes para justificar o fato em si. Todo sacramento representa e encarna algum bem fundamental da vida cristã e por este simples fato, merece grande atenção da parte de todos.

---

[1] Embora o Concílio Vaticano II tenha optado pelo termo "unção dos enfermos" (SC 73), nada obsta o emprego do vocábulo "extrema-unção" quando se trata de fiéis que se encontram nas vascas da morte (NdT).

Unção e penitência

De acordo com a mais antiga tradição teológica, a unção dos enfermos completa a ação do sacramento da penitência, apagando "as relíquias" dos pecados, é dizer, fortalecendo o cristão contra a debilidade espiritual produzida pelo pecado, a qual não desaparece pelo simples fato do perdão da culpa. Em certo sentido poder-se-ia dizer que a unção realiza obra semelhante ao processo humano de convalescença depois de uma grave enfermidade. O homem não recupera suas forças normais por somente haver vencido a causa da enfermidade; necessita de uma série de cuidados que, pouco a pouco, fazem-no voltar à saúde completa. Na ordem da graça, o sacramento da penitência vence e elimina o mal, que é o pecado. A unção dos enfermos completa a obra, dando ao cristão a plenitude de forças espirituais especialmente necessárias no caso de doença grave ou de perigo de morte.

Este liame da unção com a penitência explica dois fatos, facilmente observáveis na prática cristã. Em primeiro lugar, a administração da unção é posterior à da penitência[2]. Em segundo lugar, a unção só pode ser recebida por quem pode também receber o sacramento da penitência; excluem-se, portanto, os parvos, incapazes de cometer pecados pessoais.

---

[2] O Concílio Vaticano II restaurou a antiga disciplina de administrar a unção antes do viático (SC 74), vale dizer, imediatamente depois da penitência. Assim, pretende-se destacar a conexão entre estes dois sacramentos e o primado da eucaristia.

Dada a vinculação entre ambos os sacramentos, as funções da Virgem Maria a respeito da unção dos enfermos vêm a ser continuação e complemento das funções que ela exerce referentemente à penitência. Vencido o pecado, a Virgem continua sua obra salvífica, contribuindo com o pleno robustecimento espiritual do cristão frente à morte. Seria contraditório, ou pouco menos que isso, atribuir à Virgem participação e cooperação na função principal, negando sua participação no derivado e complementário, que se realiza mediante a unção dos enfermos.

Unção e união com Cristo

O robustecimento ou plenitude de forças que o cristão recebe por meio da unção tem finalidade precisa: superar o perigo extremo, que é a morte, e conduzir à união definitiva com Cristo.

A unção dos enfermos sempre se relaciona com o fato e o mistério da morte. Desse modo, não pode ser administrada se não se trata de enfermidade grave ou de alguma outra situação que, por si, implique real perigo de morte. Não se requer, nem é aconselhável, reservar a unção para o momento mesmo da morte. Mas, não se pode esquecer que a unção é a preparação sacramental específica para a morte ou, mais exatamente, para *compartir a morte de Cristo.*

Sem embargo, a unção dos enfermos exige que se ponham em ação todo o organismo sobrenatural e todas as "forças" de que Cristo dotou este sacramento para levar os homens à comunhão definitiva com Deus. A isto se ordena a redenção, à qual, portanto, tende, em virtude da sua própria natureza, prestando ao enfermo a ajuda máxima possível para lhe assegurar o encontro definitivo com Cristo.

Entre as "forças" integrantes do organismo da redenção, tem singularíssimo relevo o influxo maternal "daquela que, depois de Cristo, ocupa na santa Igreja o posto mais alto e o mais próximo de nós"[3]. O Concílio Vaticano II esclarece que este influxo maternal da Virgem Maria, "longe de impedir a união imediata dos fiéis com Cristo, fomenta-a"[4].

O dinamismo interno da redenção exige que o influxo materno de Maria se atualize em plenitude para fomentar a união imediata do enfermo com Cristo, uma vez que o próprio estado de enfermidade aproxima o doente do momento no qual aquela união imediata entrará em sua fase definitiva, enfrentando, previamente, também o perigo definitivo.

A presença de Maria e sua ajuda maternal nesses momentos não deve ser pensada como coisa marginal e simplesmente paralela ao sacramento da unção. São, propriamente, presença e auxílio que se atualizam e se transmitem por meio da unção. O robustecimento que a unção confere ao enfermo contém, como um de seus elementos integrantes, o influxo da Virgem, influxo que chega ao enfermo sob a modalidade própria deste sacramento. Mesmo que

---

[3] LG 54.
[4] LG 60.

o enfermo tenha perdido o uso de suas faculdades e não possa pensar na Virgem nem invocá-la, recebe a ajuda mariana, porque tal ajuda se transmite e é comunicada pelo próprio sacramento. Suposto que Maria "serviu *sob* Cristo e *com* Cristo ao mistério da redenção"[5], é necessário aceitar todas as consequências implicadas em um fato tão fundamental.

Se o organismo da graça instituído por nosso Senhor não implicasse por si a assistência de Maria aos enfermos em perigo de morte, seria impossível entender que a Virgem é, de verdade, "mãe dos homens, especialmente dos cristãos"[6]. O que se pensar, mesmo na dimensão humana, de uma mãe que se distancia do filho moribundo ou em perigo de morte? Para Maria, ser mãe dos homens não é título honorífico, mas mistério da graça que conduz à salvação.

Unção dos enfermos e educação mariana

Como se pode comprovar pelo que dissemos acerca dos outros sacramentos, o conceito de educação tem lugar fundamental na teologia mariana. O Concílio Vaticano II resume a ação da Virgem Maria em cooperar com amor materno na geração e *educação* dos fiéis[7]. Mesmo do ponto de vista humano, a maternidade que não culmina na educação

---
[5] LG 56.
[6] LG 54.
[7] LG 63, *in fine*.

dos filhos está essencialmente mutilada. Pois bem, a maternidade de Maria, na ordem da graça, é verdadeira e, por conseguinte, deve manifestar-se em uma atividade autenticamente educativa.

A educação do homem, sob qualquer aspecto, constitui tarefa complexa que requer, entre tantas coisas, multiplicidade e diversidade de meios. Não menos complexa é a educação do cristão, a qual outrossim necessita de recursos múltiplos e diversificados. Assim, é normal que em um estudo teológico como o deste livro, a ideia de educação mariana reapareça algumas vezes e seja posta em relação com diversos sacramentos. Bem entendida a premissa, a ideia de educação não se deve relacionar apenas com alguns sacramentos, mas com todos eles, já que os sacramentos são os meios e as expressões fundamentais da vida cristã.

A unção dos enfermos prepara para aceitar na realidade e no drama dos fatos a condição corredentora inerente à vida cristã. O cristão *deve* compartir a vida e também a morte de Cristo; e esta última não só de modo "espiritual", mediante o batismo e os outros sacramentos, mas igualmente em todo o impressionante realismo corporal, que nos faz *co-morrer* com Cristo. A unção dos enfermos dispõe, prepara e compartilha a morte de Cristo deste modo, isto é, no sentido literal mais forte da expressão. Ao identificar-se o cristão com Cristo na morte, literalmente entendida, tem lugar um dos fatos culminantes do mistério e da história da salvação, tal como esta se realiza no homem durante a etapa de peregrinação terrena.

A meu juízo, o efeito mais típico da unção dos enfermos é propiciar a disposição conveniente a fim de que a morte não seja "desenlace irremediável", mas verdadeiro mistério, o mistério de compartir a morte com Cristo. É verdade que, segundo o ensinamento bíblico e tradicional, recolhido até nos textos litúrgicos, a unção tem também o poder de restituir a saúde corporal. Mas, deixando de lado todos os problemas relacionados com a natureza de semelhante poder, é evidente que o efeito de ordem corporal – a saúde – não pode ser o próprio e primário efeito nem na unção dos enfermos nem em qualquer sacramento. Por isso, penso que tudo que se diga sobre a saúde corporal como possível fruto da unção não se opõe em nada ao que eu afirmei acerca da finalidade primária de dispor o cristão para compartir a morte de Cristo.

A morte de Cristo pode ser considerada sob diversos aspectos ou modalidades: como glorificação de Deus e ação de graças a Deus; como expiação dos pecados dos homens e impetração de tudo que podemos necessitar para a salvação. Cuida-se de modalidades de uma única morte e, portanto, unidas entre si, de maneira que se alguém tentasse tomar uma delas, insulando-a das restantes, a deformaria notavelmente. A união entre elas, sem embargo, não deve conduzir ao extremo de negar, por exemplo, que ação de graças e expiação são coisas distintas. Há que se manter a unidade ou síntese do mistério global, reconhecendo, ao mesmo tempo, a diversidade de aspectos que o integram.

Segundo me parece, o mais típico da unção dos enfermos é preparar o cristão para compartir a morte de Cristo enquanto dita morte é sacrifício *expiatório* pelos pecados de cada homem e da humanidade inteira conjuntamente. Assim, a unção aparece claramente na linha do sacramento da penitência que produz a remissão dos pecados por via de *expiação*, segundo o que se disse ao tratar desse sacramento. A unção, portanto, é inseparável da índole *penal* da morte cristã, mas a assume, para configurar o cristão com Cristo no momento e no ato de morrer como vítima expiatória pelos nossos pecados.

No cultivo das disposições para aceitar a morte deste modo e, por conseguinte, no dinamismo da unção, a Virgem Maria tem função importante. Ela educou Cristo para cumprir sua obra de salvador, que se consumaria morrendo na cruz, com uma morte que contém as modalidades antes indicadas e concretamente o ser morte expiatória. A educação que Cristo recebeu de Maria se ajustava integralmente a sua missão, é dizer, não somente não prescindia da índole expiatória, mas preparava-a e estava destinada a facilitá-la, como, de um modo geral, toda boa educação facilita o atingimento dos fins que se têm em mira[8]. Pois bem, a obra realizada

---

[8] Careceria totalmente de sentido colocar-se aqui o problema crítico acerca do conhecimento que a Virgem, já desde a infância de Jesus, tinha sobre sua missão de redentor e das modalidades da redenção. Nisto, como em tudo, a Virgem progrediu. Mas, nunca foi necessário no passado e não será no futuro que os pais, para poder bem educar a seus filhos, conheçam pre-

pela Virgem em Cristo integra a obra que, através dos tempos, Maria deve continuar efetivando nos fiéis individualmente e na comunidade eclesial como um todo. Vale dizer, a Virgem dispõe o cristão para aceitar a morte enquanto *pena do pecado* e, mediante tal aceitação, entregar-se a Cristo, compartindo sua morte expiatória. Para atingir este objetivo, a ação da Virgem chega aos homens principalmente através do sacramento da unção dos enfermos.

Deste modo, descobre-se a singular importância que tem na revelação o conceito de *pena pelo pecado*. Sem ele, não é possível captar todo o conteúdo da redenção, nem, por conseguinte, formar uma ideia completa da pessoa do redentor. Sem ele, não se compreende o alcance da função educativa de Maria em relação a Cristo e fica sem fundamento parte notável da ação que Maria exerce sobre os fiéis individualmente e sobre a Igreja universal. Por fim, quando se prescinde da noção de *pena*, se empobrece o conteúdo do mistério da morte cristã, obscurece-se a

---

viamente o desenvolvimento concreto da vida desses filhos; e, sem embargo, suposto que a educação seja boa, prepara efetivamente para a vida concreta que esses filhos levarão. Ademais, no caso concreto da Virgem, e de suas relações com Jesus, é necessário admitir uma providência especialíssima de Deus, já que, por pouca fé que se tenha, é preciso reconhecer que nenhum filho teve nem terá uma mãe como a de Jesus e que nenhuma mãe teve nem terá um filho como o de Maria. A mesma providência singularíssima de Deus fez Maria totalmente inocente e impecável; o que implica que a Virgem cumpriu sua função educadora em total conformidade com a vontade de Deus, o qual quis servir-se precisamente da educação mariana como meio para chegar até a redenção expiatória.

própria consciência de pecado e da necessidade que o homem tem de ser redimido, é dizer, caminha-se sobre uma senda que pode conduzir a uma situação infranatural e ao eclipse da fé em Cristo. A situação atual, facilmente constatável, fala por si e torna desnecessárias longas ponderações, pois o que se tem diante dos olhos não necessita de demonstração.

A presença e a ação de Maria nos aspectos penais da redenção e da vida cristã é um dado sobre o qual a teologia científica ainda não refletiu, que eu saiba. Nada obstante, o tema me parece suficientemente relevante para despertar interesse. Não é verdade que a noção de *pena*, contemplada à luz do mistério de Maria, apresenta um aspecto novo? É isto que convém esclarecer. Cuido que as ideias anteriormente declinadas podem ajudar nesta tarefa.

Unção dos enfermos e esperança

A unção dos enfermos possui relações muito peculiares com a virtude da esperança, da qual é uma como encarnação e profissão ante a comunidade cristã. Conforme santo Tomás, a unção dos enfermos tende, por si só, a produzir "perfeita saúde espiritual"[9], de maneira que o homem se torna "disposto para receber imediatamente a glória"[10]. Se o efeito produzido nem sempre alcança tão alta perfeição,

---

[9] Santo Tomás de Aquino, *Summa theol.*, III, 84, 1-1.
[10] Santo Tomás de Aquino, *In IV sent.*, d. 2, q. 1, a. 4, q. 4: ed. Moos, n. 78.

isso se deve não à insuficiência do sacramento, mas a causas que lhe são alheias, as quais condicionam ou neutralizam sua eficácia.

Quando se comparte, em plenitude de entrega, a morte de Cristo como pena expiatória, não pode remanescer nem culpa que purgar nem pena alguma que "pagar", porque a morte de Cristo, assimilada e compartida sem resistência, se comunica em medida incomparavelmente superior à culpa de qualquer homem e às penas que dela poderiam permanecer. Compartir em plenitude a morte de Cristo produz como efeito o viver plenamente para ele e, portanto, um dia estar com ele para sempre na "casa do Pai"[11].

Igualmente nesta ordem de coisas, a Virgem Maria executa função própria que, malgrado se estenda à totalidade da vida cristã, atualiza-se de modo peculiar por intermédio da unção dos enfermos. Certas expressivas palavras do Concílio Vaticano II servirão para orientar o raciocínio. "A mãe de Jesus – diz-se – da mesma forma que, glorificada já no céu em corpo e alma, é imagem e princípio da Igreja que terá sua consumação na vida futura, na terra apresenta-se luminosa diante do povo de Deus peregrinante *como sinal de esperança certa e de consolo*, até que chegue o dia do Senhor"[12].

A Virgem alimenta *a esperança certa* da Igreja universal na peregrinação através dos séculos, de maneira que a Igreja, "progredindo continuamente

---

[11] Jo 14, 2.
[12] LG 68. As últimas palavras foram tomadas de 2Pd 3, 10.

na esperança", "faz-se cada vez mais semelhante a seu excelso modelo"[13], é dizer, a Maria.

A ação da Virgem sobre a esperança do povo de Deus em sua totalidade se exerce mediante todo o organismo da vida cristã. Mas, uma vez que na vida cristã a esperança se robustece muito especialmente por meio do sacramento da unção, o qual dispõe para a superação da dificuldade última e mais grave de todas, por esse mesmo motivo, a ação de Maria, ordenada ao sustento e consolidação da esperança, serve-se peculiarmente deste sacramento e por meio dele, ajuda o cristão a pôr toda a confiança em Cristo, vítima expiatória dos nossos pecados e a unir-se a ele, a fim de compartir, depois, sua ressurreição.

A inserção do influxo maternal de Maria no interior do organismo cristão, concretamente dos sacramentos, tem importância grandíssima, porquanto serve para superar qualquer tentação de extremismos contrários, nos quais é possível cair e, de fato, de vez em quando isto sucede. Nem se pode exaltar tanto o mariano, a ponto de se perder a serena visão do conjunto, nem se pode considerar o mariano como elemento externo, marginal, superficial ou meramente "ornamental" do mistério cristão. Maria atua desde o interior desse mistério, do qual ela mesma é "parte" constitutiva, sendo que sua ação não tem por finalidade introduzir elementos novos ou heterogêneos, mas cooperar para que os bens ofertados por Cristo rendam o máximo de fruto salvífico.

---

[13] LG 65.

Unção dos enfermos e comunidade cristã

A unção dos enfermos, como qualquer outro sacramento, é sacramento de Cristo e, destarte, da Igreja; seu aspecto comunitário se destaca na passagem onde são Tiago fala desse sacramento[14]. A administração do sacramento dos enfermos é momento especialmente solene de oração da comunidade por um dos seus membros em transe de partir deste mundo. O sacramento da unção serve para professar e proclamar uma esperança que é a esperança de toda a comunidade cristã ou do povo de Deus globalmente considerado. Cada fiel individual, pela recepção do sacramento, entra no dinamismo dessa esperança e se sente sustentado por ela.

Deste modo, veem-se melhor os laços que unem o sacramento da unção dos enfermos com o influxo pelo qual Maria é sinal que levanta e arrimo que sustenta a esperança do povo de Deus peregrinante. Maria é a mãe desse povo ou a mãe da Igreja; sua ação se orienta para a Igreja universal e faz-se operante através dos meios de vida próprios que Cristo deixou a esta Igreja, entre os quais, através da unção. Mediante a unção dos enfermos, a Virgem Maria sustenta e alimenta a esperança de todo o povo de Deus peregrino.

Este aspecto comunitário do sacramento da unção dos enfermos e do influxo exercido por Maria sobre a esperança da Igreja inteira implica novo en-

---
[14] Tg 5, 13-16.

foque da morte cristã. A morte de cada fiel é parte do mistério pelo qual a Igreja, através dos tempos, deve compartir em plenitude corporal a morte de Cristo, a fim de poder expressar e compartir depois, em plenitude também corporal, sua ressurreição. Toda morte cristã é um mistério, um submergir-se na morte de Cristo.

Unção dos enfermos e humanidade universal

A humanidade inteira "deve ser renovada em Cristo e transformada na família de Deus"[15], vale dizer, na Igreja. Deus depositou no interior da humanidade forças que impulsionam para a Igreja e que a própria Igreja, com sua ação, deve desenvolver e promover[16]. A Igreja, de sua parte, encarna e revela o plano de Deus sobre a humanidade.

Estes princípios gerais são o ponto de partida para fazer uma aplicação ao caso particular que agora interessa. Na morte do cristão que, fortalecido pela unção, se une a Cristo e comparte sua morte, expressa-se a tendência que, por vontade de Deus, preside a morte de qualquer homem, incluindo a de quem não conhece a Cristo. Em todo homem que morre, há uma "força" que pode ser contrastada e anulada pela resistência do homem, mas tal força existe realmente.

---

[15] GS 40b.
[16] LG 17; AG 9b.

Assim sendo, o sacramento da unção, como todos os outros, projeta-se para a humanidade inteira; é sacramento que coloca a Igreja em estado missional. E não há nada de estranho nisto, porque se a Igreja é missionária e, ao mesmo tempo, está constituída pelos sacramentos, deles deve brotar e alimentar-se a tensão missional ou o impulso para anunciar o evangelho àqueles que ainda não o conhecem.

O influxo de Maria, comunicado por meio da unção, não termina no "recinto visível" da Igreja, mas estende-se igualmente a toda a humanidade. A Virgem exerce sobre a humanidade inteira um influxo que tende a unir a morte de cada homem com a morte de Cristo. Ela é verdadeiramente mãe de todos os homens[17] e deseja que sua maternidade se faça efetiva em todos.

---

[17] LG 54.

VIII. A Virgem Maria e o sacramento da ordem

Todo o mundo percebe, de maneira quase instintiva, que a relação da mulher com os ministérios de instituição divina está pré-determinada pelo modo concreto com que Cristo quis que a Virgem cooperasse com ele na obra salvífica. Nos debates ou exposições sobre a questão, o nome de Maria aparece mais de uma vez; e com o nome vai ligada necessariamente a função que lhe compete dentro da Igreja.

Aqui surge uma das contradições em que se debatem algumas mentes. É um fato evidente que quem diz ter mais interesse teológico pela missão da mulher dentro da Igreja, muita vez, parece minimizar o papel que compete a Maria.

É difícil aceitar que atitudes tão diversas relacionadas à mulher em geral e a esta mulher concreta que é Maria, a mãe de Jesus e a mãe da Igreja, sejam indício de mentalidade integradora, a única forma de pensar que pode conduzir a desdobramentos válidos, porque só assim se reúne harmonicamente o respeito a *todos* os dados do mistério global e desperta-se a consciência para o melhor esclarecimento desses dados, com obediência à hierarquia que há entre eles. Tomar unilateralmente um dado, deixando de lado os outros, não pode levar mais que à confusão e à desordem, que têm muito pouco a ver com a pessoa e a obra tanto de Cristo quanto da Virgem.

Um pressuposto

Toda a tradição da Igreja, desde a origem, é concorde em reconhecer que a Virgem Maria não foi sacerdotisa. E se, às vezes, se lhe outorgam títulos que aparentemente pudessem implicar o sacerdócio hierárquico, jamais se quer com isto atribuir a ela semelhante sacerdócio, entendido no rigor do termo, mas deseja-se apenas indicar certa analogia entre as funções que cumpre o sacerdote consagrado pela recepção do sacramento da ordem e as que competem a Maria tanto no interior da Igreja quanto no que toca ao resto da humanidade. Alguns teólogos que, por conta própria, tentaram iniciar vias discordantes, não passaram de "vozes no deserto", cujo eco se extinguiu rapidamente.

No ensinamento da Igreja não há base nem possibilidade de atribuir à Virgem um sacerdócio idêntico ao dos ministros hierárquicos, em sentido próprio e formal. Mas, seria um erro deduzir, então, que entre a Virgem e o sacramento da ordem não existe nenhum vínculo ou que a Virgem não exerce nenhum influxo sobre este sacramento. Já se repetiu várias vezes que os sacramentos – todos eles – aplicam aos homens os frutos de uma redenção da qual Maria teve parte, servindo *sob* Cristo e *com* Cristo, em vista do cumprimento do desígnio salvífico[1]. Por este único motivo, a Virgem exerce verdadeiro influxo em todos os sacramentos; o sacramento da ordem não pode ser exceção.

Desligar o sacramento da ordem da ação de Maria conduz irremediavelmente a desligá-lo da redenção e, portanto, separá-lo de Cristo. Pois bem, é claro que um sacramento, qualquer que seja, desvinculado de Jesus Cristo, não pode ter nenhum sentido. E, assim, se comprova mais uma vez o que se repetiu em outras passagens, isto é, que qualquer intento de minimizar a função da Virgem na obra salvífica termina por desfigurar a pessoa e a obra de Jesus Cristo. A Virgem está sempre *abaixo* de seu Filho, mas também está sempre *com* ele.

São Paulo VI oferta-nos uma fórmula nova e assaz apropriada para compreender melhor as funções salvíficas de Maria e sua relação com Cristo. Eis as palavras do papa: "*justamente da complementaridade subordinada* da Virgem com relação ao designío cosmológico, antropológico e soteriológico de Cristo, recebe ela todas suas prerrogativas e toda sua grandeza"[2]. Cristo quis livremente uma *complementaridade subordinada*; eliminá-la importa atentar contra a vontade de Cristo.

---

[1] LG 56.
[2] São Paulo VI, homilia de 17/10/1971, na beatificação do pe. Maximiliano Kolbe: *Ecclesia* de 20/11/1971, p. 9 (2141): AAS, t. 63, p. 281.

Sacramento da ordem e representação de Jesus Cristo

O sacramento da ordem foi instituído para dar aos que o recebem certa representação de Cristo enquanto cabeça da comunidade. O Concílio Vaticano II desenvolve esta ideia, principalmente em relação com o episcopado[3] e com o presbiterado[4]; ao diaconato não se aplica de maneira explícita, contudo, é evidente que este grau inferior do sacramento da ordem confere certa representação de Jesus Cristo, inerente ao fato de que os diáconos, juntamente com os outros ministros superiores, "possuem uma potestade sagrada para servir aos irmãos"[5].

A representação se encarna em muitas pessoas, vale dizer, na multidão de ministros, mas tem sua origem em um só, que é Cristo e a ele se ordena e se subordina. A unidade de Cristo deve se refletir de algum modo na representação e isto se obtém mediante a *comunhão hierárquica* de todos os ministros, os quais, deste modo, se coordenam entre si e atuam unitariamente[6].

Isso tem alguma relação com a Virgem? Certamente. Porque a Virgem concebeu a Cristo para ser

---

[3] LG 20c, 21 e em muitos outros lugares.
[4] LG 28a; PO 2b etc.
[5] LG 18a.
[6] A comunhão hierárquica é um tema de que se ocupa frequentemente o Vaticano II. Para alguma referência, leiam-se LG 21b, 22a, 41c; PO 7-8, 15b. O Scecretariado para Unidade dos Cristãos afirmou expressamente que a comunhão hierárquica dos ministros é exigência da representação de Cristo inerente à potestade ministerial que possuem.

a cabeça de toda a Igreja, de maneira que é impossível pensar na maternidade de Maria "cerrada" ou totalmente concluída na pessoa de Jesus e não prolongada no corpo do qual ele é a cabeça. A maternidade de Maria, por ser maternidade que recai sobre Jesus enquanto cabeça da Igreja, prolonga-se sobre esta mesma Igreja, da qual a Virgem é verdadeira mãe na ordem da graça.

São Paulo VI expôs muito bem o nexo que conduz da maternidade divina ou em relação com Jesus até a maternidade em relação com a Igreja. "Assim como a divina maternidade – disse o papa – é o fundamento das especiais relações que Maria tem com Cristo e da presença dela na obra de salvação realizada por Jesus Cristo, assim também *da maternidade divina derivam-se principalmente as relações que medeiam entre Maria e a Igreja*. Pois Maria é mãe de Cristo, o qual, *desde o exato momento em que no seio virginal de Maria assumiu a natureza humana, incorporou a si mesmo como cabeça seu corpo místico que é a Igreja*. Desta feita, Maria, por ser mãe de Cristo, há de ser considerada também mãe dos fiéis e de todos os pastores, é dizer, mãe da Igreja"[7].

A conclusão de tudo isto parece clara. Não é possível uma representação de Cristo enquanto ca-

---

[7] São Paulo VI, alocução de 21/11/1964, no encerramento da terceira sessão conciliar, quando se promulgou a constituição dogmática *Lumen gentium* e o papa pessoalmente proclamava Maria mãe da Igreja: AAS, t. 56, p. 1015. Um raciocínio parecido havia feito o papa são Pio X na encíclica *Ad diem illum*, publicada em 1904, para comemorar o cinquentenário da definição dogmática da concepção imaculada de Maria.

beça que não entranhe, *por si mesma*, relações e vínculos especiais com a Virgem Maria, já que ela concebeu a Cristo e o deu à luz precisamente enquanto cabeça que contém em si a vida da totalidade do corpo eclesial. Para vincular a vida e as funções dos ministros sagrados com Maria não é necessário recorrer a considerações "piedosas" ou meramente devocionais; basta crer nas verdades primárias da revelação divina, tal como esta foi entregue à Igreja e é entendida e proposta pela mesma Igreja.

O Concílio Vaticano II elabora teses análogas às de são Paulo VI, a fim de mostrar como a obra pela qual Maria engendrou Cristo e o deu à luz predetermina toda a missão da Igreja e influi sobre a bendita missão, através da qual a Igreja, ao levá-la a cabo, deve dirigir o olhar a Maria. "A Igreja – ensina o Vaticano II – no seu labor apostólico, *com razão dirige o olhar àquela que engendrou Cristo, o qual foi concebido do Espírito Santo e nasceu da Virgem, precisamente para que por meio da Igreja nasça e cresça também nos corações dos fiéis*"[8].

Entre um ministério da Igreja e a maternidade de Maria existem vínculos irrompíveis, tanto mais fortes quanto o ministério seja mais qualificado e tenha importância mais determinada para a "edificação" – em sentido paulino – do corpo da Igreja. Pois bem, o ministério a que se destina o sacramento da ordem possui importância primária, muito qualificada, na Igreja, já que "faltando a presença e ação

---

[8] LG 65.

desse ministério que se recebe pela imposição das mãos com a oração, a Igreja não pode ter plena certeza de sua fidelidade e de sua continuidade visível"[9].

Portanto, se a Igreja inteira deve olhar para Maria e considerar-se ligada a ela em qualquer ato de serviço apostólico, este dever urge particularmente aos ministros sagrados, não por razões extrínsecas, mas por uma exigência que dimana da própria natureza do ministério que lhes está confiado.

O ministro sagrado (diácono, presbítero e bispo) não pode nutrir uma ideia completa e esclarecida de seu ministério se prescindir dos vínculos que o conectam a Maria *na ordem própria e especificamente ministerial*. Mas, nesta matéria, como em qualquer outra, a consciência necessita de cultivo e de formação; se se descuidam estes elementos, tudo se obscurece e, então, o recurso a Maria não aparece como exigência ministerial, mas apenas como o resultado de certo sentimentalismo ou, em suma, de um pietismo "próprio de outros tempos".

Referindo-se concretamente aos presbíteros, o Vaticano II os exorta a ser "cada dia mais dóceis a sua missão, assumida no Espírito Santo", e acrescenta em seguida: "desta docilidade encontram sempre maravilhoso exemplo na bem-aventurada Virgem Maria, a qual, guiada pelo Espírito Santo, se consagrou toda ao mistério da redenção dos homens; os presbíteros reverenciem e amem com devoção e

---

[9] Sínodo Episcopal (1971), *El sacerdocio ministerial*, 1ª p. 1, n.4, *in fine*.

culto filial a esta mãe do sumo e eterno sacerdote, rainha dos apóstolos e auxílio no seu ministério"[10].

Exercício de atributos messiânicos

O Concílio Vaticano II, resumindo ao máximo o plano de salvação e a obra cumprida por Jesus Cristo, afirmou que o Pai enviou seu Filho "para ser mestre, rei e sacerdote de todos, cabeça do novo e universal povo dos filhos de Deus"[11]. Desta feita, a salvação flui de três atributos messiânicos primários, que são o magistério, a realeza e o sacerdócio de Cristo, os quais igualmente expressam o conteúdo próprio de sua capitalidade. Dar a Cristo o título de cabeça da Igreja equivale a declarar em forma compendiada que ele é mestre, rei e sacerdote.

Assim sendo, o que se disse sobre as relações da maternidade de Maria com a capitalidade de Cristo é perfeitamente válido e aplicável aos atributos de magistério, realeza e sacerdócio, contidos na mencionada capitalidade. Isto pode servir de fundamento para novos aprofundamentos do tema do influxo que Maria exerce, por sua maternidade, sobre o sacramento da ordem.

Os ministros sagrados, em virtude do sacramento da ordem, possuem uma representação de Cristo, cujo termo de referência são exatamente os três mencionados atributos ou ofícios messiânicos. O Vaticano II,

---
[10] PO 18b.
[11] LG 13a.

falando concretamente dos bispos, afirmou que "eles, de modo eminente e visível, fazem as vezes de Cristo, mestre, pastor e pontífice"[12]. É completa a coincidência ideológica com o texto anteriormente transcrito e apenas cabe notar a discrepância meramente verbal de que dois dos títulos expressados primeiro com as palavras *rei* e *sacerdote* sejam posteriormente enunciados com os vocábulos *pastor* e *pontífice*. Em ambas passagens, o conteúdo é idêntico. De outro lado, o que se disse sobre os bispos aplica-se também, com as devidas limitações e adaptações, aos ministros de grau inferior, especialmente aos presbíteros.

O diácono, o presbítero e o bispo possuem, cada qual segundo seu modo próprio, uma representação de Cristo enquanto mestre, rei e sacerdote. No desempenho de sua respectiva missão, cada um deles e todos juntos devem fazer presente e atuante, para a salvação dos homens, o magistério, a realeza e o sacerdócio de Cristo, pois com esse objetivo se lhes comunica a participação em tais atributos.

Uma vez que em Jesus Cristo tanto a capitalidade quanto os atributos que a integram estão internamente relacionados com a maternidade de Maria, esta relação, em virtude do sacramento da ordem, deve manter-se e expressar-se também na atividade que os ministros sagrados realizam através da participação dos atributos de Cristo. Se no ministro não aparece, vitalmente encarnada, a relação do magistério, da realeza e do sacerdócio com Maria, então,

---

[12] LG 21b.

tal ministro ou não tem formação suficiente acerca do conteúdo e das exigências do seu ministério, ou não corresponde da forma adequada ao dom recebido mediante a ordenação sacramental.

Observe-se que o título pelo qual o ministro deve ligar seu ministério a Maria não é de índole primariamente mariana, mas cristológica, já que deriva daqueles determinados liames que Cristo mesmo quis estabelecer entre seus próprios atributos messiânicos e a maternidade de Maria. Um ministro que se negue a expressar a "nota mariana", inerente a seu ministério, não somente nega à Virgem algo que lhe é devido, mas nega o próprio Jesus Cristo e isto é muito mais grave. Também nesta matéria, como em tudo que se refere à vida cristã, a Virgem é garantia de fidelidade a Jesus Cristo e estímulo para crescer incessantemente nessa mesma fidelidade.

No atual momento da vida da Igreja, não se pode afirmar que a generalidade dos ministros sagrados empenhem-se em destacar as vinculações marianas de seu próprio ministério. Este é um dos tantos males que afligem a Igreja. Demais, o comportamento dos ministros exerce influência enorme sobre o restante dos fiéis; assim, o mal se agrava e se torna urgente ministrar o remédio para impedir sua propagação ulterior. Mas, o remédio será impossível, se não se começa pelo princípio, é dizer, pela renovação mariana dos ministros ou, mais exatamente, por sua renovação na fidelidade a Jesus Cristo, já que o reconhecimento e atualização dos vínculos que unem o ministério com Maria é parte integrante da fidelidade devida ao próprio Jesus Cristo; quando essa fidelidade se vive intensamente, todo o resto se harmoniza.

Educação ministerial

A Virgem Maria engendrou e deu à luz Cristo enquanto cabeça da Igreja, vale dizer, enquanto mestre, rei e sacerdote que, com o exercício destes atributos, haveria de edificar a Igreja como seu corpo. Todavia, o papel de Maria não terminou em conceber e parir, mas seguiu-se de todo o processo educativo, intrínseco à própria maternidade, como complemento conatural.

Se a maternidade, por si mesma, é suficiente para fazer o cristão pensar na tarefa educativa que Maria tinha o dever de cumprir em relação a Jesus, o conteúdo e as orientações de semelhante educação somente nos são conhecidos através da missão de Jesus, tal como esta é apresentada no novo testamento. Porquanto, a educação mariana só tem sentido dentro do conjunto da obra de Jesus, é dizer, como modo de cooperação materna de Maria com vistas ao cumprimento da missão própria de seu filho. Qualquer outro tipo imaginável de educação ficaria fora do plano divino, pior ainda, lhe oporia resistência positiva. Mas, sabemos pela fé que a pessoa e a obra de Maria nem estão fora do plano de Deus sobre a salvação, nem tampouco opõem resistência a esse maravilhoso plano.

A educação que Maria deu a Jesus é coerente com a capitalidade dele e com os atributos e ofícios que integram a capitalidade. Falando concretamente, essa educação foi verdadeira ajuda oferecida pela mãe ao Filho para que este cumprisse de modo mais conatural as funções de mestre, rei e sacerdote do novo povo de Deus. De nada serve objetar que Jesus não tinha necessidade de tal ajuda. Tampouco tinha necessidade de nascer de mulher. A nós incumbe averiguar e aceitar não o que Jesus necessitava, já que não existe coisa alguma que não pudesse ele dar a si próprio, mas o que ele quis fazer e fez efetivamente. Cristo quis nascer e nasceu de Maria. Cristo quis receber e recebeu de Maria a educação que todo filho deve receber de sua mãe, educação que, no seu caso concreto, enquadrava-se totalmente na obra salvífica, dentro da qual foi assumida como um dos elementos integrantes. Isto é o que nos diz o novo testamento quando alude à "sujeição" de Jesus a Maria e José em Nazaré. Seria vão qualquer intento de objetar ou procurar evasivas.

Os atributos messiânicos de Cristo, cuja participação se comunica ao ministro pelo sacramento da ordem, não são atributos abstratos, pois possuem toda a concretude que lhes vem da vida de Jesus, isto é, as modalidades que neles imprimiu a educação mariana, à qual Jesus quis se submeter, como se submeteu a tantas outras coisas. Participar dos atributos ou ofícios de Jesus não pode se separar do "selo mariano" que tais atributos levam impresso. Por conseguinte, no sacramento da ordem, que transmite a participação desses atributos, encontra-se presente e atuante a eficácia salvífica da educação que Jesus quis receber de sua mãe. Se alguém tentasse isolar o sacramento da ordem da educação mariana, alhearia de Jesus o sacramento, vale dizer, negaria radicalmente o sacramento.

Sem embargo, não basta a participação do ministro nos atributos que levam impresso o selo mariano; necessita o ministro desenvolver concretamente o conteúdo mariano do dom comunicado pelo sacramento. Como se obterá tal desenvolvimento senão mediante o trato pessoal e filial do ministro com a Virgem Maria? Aqui surgem novamente as exigências de devoção e vida mariana que são inerentes ao ministério e cuja atualização, portanto, constitui parte integrante do mesmo ministério.

Diz-se a cotio que o trabalho ministerial não deixa tempo para as manifestações típicas de uma vida mariana. Mas, semelhante modo de pensar é totalmente inaceitável. Com efeito, se, como creio haver demonstrado, a vida mariana é parte integrante do exercício do ministério, não se pode nem sequer cogitar que o dia a dia ministerial anula ou debilita a vida mariana, porque isto implica a contradição de acreditar que o ministério se anula ou se debilita a si mesmo. O importante para superar qualquer dificuldade, ao menos as de ordem doutrinal, é compreender o ministério com toda a concreção e com todas as qualificações que lhe advêm do modo concreto como Jesus possuiu os atributos messiânicos, formou-se neles e os exercitou durante a vida terrena.

Assim, nunca será insistência demasiada repetir que, no fundo, o que venho dizendo não configura uma questão mariana, mas uma questão cristológica. Trata-se, efetivamente, de crer, com todas as consequências, no Jesus concreto e real, no Jesus do qual nos fala o novo testamento, e não num Jesus fruto de especulações humanas, o qual jamais existiu e não é capaz de salvar ninguém. O ministro, muito mais que qualquer outro cristão, deve reconhecer não somente em teoria, mas também na prática, que "a união com Cristo não pode ser pensada separadamente daquela que é a mãe do Verbo encarnado e que o próprio Cristo quis tão intimamente unida a si para nossa salvação"[13].

Ministério para a comunidade

O dom do Espírito Santo que se transmite pelo sacramento da ordem não está destinado apenas ao varão que o recebe. É um dom que capacita o ordenado a servir a comunidade cristã, representando Jesus Cristo e que, com esta capacitação, se lhe impõe o dever de prestar um serviço efetivo. Estaria fora de contexto expor agora no que consiste e qual é o conteúdo completo do serviço que o ministro tem de cumprir no âmbito da comunidade cristã. Tão só quero me referir brevemente aos aspectos marianos do tema.

Linhas atrás falou-se das exigências de vida mariana que o ministério impõe ao próprio ministro e

---

[13] São Paulo VI, alocução de 21/11/1964, no encerramento da terceira etapa conciliar: AAS, t. 56, p. 1014.

que não podem ser abandonadas sem dano para o ministério. Neste momento, é necessário acrescentar que tais exigências vão além da pessoa do ministro e vinculam este com os demais cristãos. Não se pode, portanto, pensar que o ministro cumpre as exigências suficientemente na vida individual, ainda na hipótese de que fosse uma vida "marianíssima". O destino ou a finalidade do ministério se reflete também nesta matéria, e impõe ao ministro um dever concreto: trabalhar para que os demais cristãos cheguem a adquirir plena consciência dos respectivos deveres para com a Virgem Maria e os cumpram cada vez melhor. É um dever propriamente dito que brota do interior do ministério e que não se respalda somente em "gostos" ou "passatempos" marianos.

O Concílio Vaticano II, dirigindo-se particularmente "aos teólogos e aos pregadores da palavra divina", pede que eles "expliquem retamente os ofícios e os privilégios da Virgem Maria, os quais estão sempre ordenados a Cristo, origem de toda verdade, santidade e piedade"[14]. Com isto, voltamos a uma ideia expressa anteriormente, ou seja, que o ministério mariano do sacerdote (ou do diácono ou do bispo) no seio da comunidade cristã é parte do ministério cristológico, uma vez que se os privilégios e funções de Maria ordenam-se a Cristo, já não é possível anunciar integralmente o mistério de Cristo, guardando silêncio sobre Maria ou não lhe outorgando o posto que lhe corresponde.

---

[14] LG 67.

O cumprimento do dever mariano que o ministro tem para com a comunidade não será factível se o ministro pessoalmente não o levar a sério, aplicando-o a sua própria vida, ou se não tiver consciência das vinculações marianas impressas na natureza do seu ministério. Por isso, não se pode estranhar que a formação mariana dos cristãos mediante catequese apropriada esteja quase ausente das preocupações e atividades de parcela notável dos ministros da Igreja.

Os descuidos nessa matéria são lamentáveis. O Concílio Vaticano II, com grande senso de equilíbrio, pede encarecidamente que, "ao se tratar da singular dignidade da mãe de Deus, evite-se cuidadosamente tanto qualquer falso exagero quanto excessiva mesquinhez de espírito"[15].

De frente para toda a humanidade

Os poderes messiânicos de que participa o ministro por meio do sacramento da ordem não podem permanecer enclausurados no interior da comunidade eclesial. Dizem respeito à humanidade inteira, porque Cristo, de quem procedem, é o salvador não só dos homens que se congregam na Igreja, mas de todos os seres humanos, absolutamente. Os apóstolos e os ministros seus sucessores foram enviados por Jesus a todo o mundo[16]. De fato, o Vaticano II,

---

[15] LG 67.
[16] Mc 16, 15 e 20; Mt 28, 18-20; Lc 24, 46-47; At 1,8.

falando particularmente dos presbíteros, afirmou o seguinte: "o dom espiritual que os presbíteros receberam na ordenação não os prepara a uma missão limitada e restrita, mas à missão universal e amplíssima da salvação *até os confins da terra* (At 1,8), pois qualquer ministério sacerdotal participa da mesma amplitude universal da missão confiada por Cristo aos apóstolos"[17]. Vale dizer, o ministério na Igreja é de índole missional; por sua própria natureza, diz respeito a todos os homens que ainda não conhecem o evangelho e a todos aos quais é necessário pregá-lo.

Também a perspectiva missionária do ministério é afetada pela presença e influência de Maria. O ministério não se faz missionário ou missional em virtude de aditamentos externos e marginais, que podem ser eliminados, mas é missionário por si mesmo, de maneira que nunca e em nenhuma hipótese pode perder sua índole missional. Desta feita, o "selo mariano" inerente ao ministério deve aparecer também em tudo que se refere ao tema missional.

Deste modo, o sacramento da ordem vem a ser um dos meios pelos quais se atualiza a maternidade universal de Maria, a qual, se bem que é "de maneira principal mãe dos fiéis", é outrossim "mãe dos homens", sem exceção[18]. A maternidade de Maria, por ser elemento integrante da salvação realizada por Cristo, tem seu próprio horizonte universal.

---

[17] PO 10a.
[18] LG 54.

Maria e a vocação da mulher

Aqui reaparecem os temas insinuados no começo acerca da situação da mulher diante do sacramento da ordem. A impossibilidade de que a mulher possa aceder ao ministério sacerdotal de instituição divina é tema que alguns teólogos têm discutido na atualidade, mas nunca estudando-o com seriedade. As razões que alegam para mostrar alguma possibilidade ou são de caráter sociológico superficial ou deformam a natureza do sacramento da ordem ou a essência da vida cristã. A deformação ou superficialidade sobre estes pontos ou similares pode ir desde o simples silêncio até a negação do sacramento da ordem em si mesmo[19].

A Virgem Maria não foi sacerdotisa. Esse dado tem algum valor para o estudo e explicação de tais temas? Parece claro que sim.

Primeiramente, é necessário recordar que o sacramento da ordem confere um sacerdócio específico, chamado ordinariamente ministerial ou hierárquico, para distingui-lo do sacerdócio comum que todo cristão recebe pelo batismo. Demais, há que se reconhecer que a vida de um cristão não é melhor e mais

---

[19] Quem professa, por exemplo, erros como os de H. Küng acerca dos sacramentos e, concretamente, sobre o sacramento da ordem, não terá dificuldade teórica para a admissão da mulher ao sacerdócio ministerial à medida que este conserve algum sentido dentro de suas teorias, expostas principalmente no seu livro *Wozu Priester? Eine Hilfe*, Einsiedeln, 1971, em que não se sabe do que se assombrar mais, se da falta de documentação ou se do desvario e superficialidades das ideias.

perfeita pelo fato de ele exercer um específico ministério sacerdotal, mas por viver melhor a moral e as virtudes evangélicas; a perfeição da vida cristã está essencialmente na perfeição da caridade, seja qual for o ministério que se tenha na Igreja e no mundo.

Nesse ponto, não entraremos em polêmicas velhas e superadas. A questão foi suficientemente aclarada em um documento da santa sé datado de 1976[20] que, de forma cabal e profunda, relembra os principais motivos da impossibilidade da ordenação sacerdotal de mulheres, ao mesmo tempo que reconhece a dignidade humana e cristã do sexo feminino, igual a dos homens, frisando que "na mesma vida da Igreja, conforme demonstra a história, houve mulheres que atuaram com decisiva eficácia, levando a cabo obras notáveis." Limitar-me-ei a umas poucas reflexões, visando a situar a questão no âmago da Igreja católica, ao lume da perspectiva mariológica.

Símbolo ou encarnação?

Como passo prévio, é necessário esclarecer uma questão de princípio sobre o modo de entender a pessoa e a obra da Virgem Maria no conjunto da vida cristã.

---

[20] Congregação para a Doutrina da Fé, *Declaração sobre a admissão de mulheres ao sacerdócio ministerial* 1976. (Em 1994, são João Paulo II declarou, ex cathedra, "(...) que a Igreja não tem absolutamente a faculdade de conferir a ordenação sacerdotal às mulheres e que esta sentença deve ser considerada definitiva por todos os fiéis da Igreja" [Carta apostólica Ordinatio Sacerdotalis] - NdT).

Maria é somente *símbolo* da cooperação salvífica da mulher ou é também *encarnação* das vocações concretas que Deus destinou à mulher? A resposta a esta interrogação fundamental não pode deixar de influir na orientação do tema e no seu esclarecimento.

Os que admitem a ordenação sacerdotal de mulheres ou desejam, ao menos, deixar a "porta aberta", inclinam-se pela primeira parte da alternativa: Maria não é mais que um símbolo. Ela simbolizaria o cumprimento inteiramente fiel e responsável de uma missão, mas não contém em si nem determina o teor da missão. As vias concretas pelas quais Maria atualizou a fidelidade a Cristo com o máximo sentido de responsabilidade estariam condicionadas pelo ambiente e pelas ideias então reinantes acerca do papel da mulher. Desaparecendo aquele ambiente e superadas as ideias da época, abrir-se-iam para a mulher caminhos novos, incluído o sacerdócio, através dos quais se exprime a fidelidade a Cristo e se serve à humanidade.

A Virgem não foi sacerdotisa, mas este fato dependeu, ao menos em parte notável, do ambiente. Trata-se de fato circunstancial, não de um princípio evangélico relacionado à vocação da mulher cristã.

Sem embargo, não nos parece possível aceitar uma explicação tão simples, sobretudo tão marginal e periférica de algo que afeta de modo tão profundo a vida cristã. As relações de Cristo com sua mãe e os *dons que lha outorgou* estribam-se no ambiente então em voga? Creio que seria bem difícil e muito arriscado responder afirmativamente.

O evangelho mostra claramente que Jesus não foi um homem complacente que, com facilidade, concordava com as normas sociais e gostos coevos; no trato com as mulheres, Jesus mostrou grande liberdade. Será necessário recordar que os fariseus "se escandalizaram" porque Jesus permitiu a uma mulher pecadora beijar-lhe os pés? E não foi este o único episódio em que Jesus deu provas de independência nessa matéria.

As ponderações que se fazem para reduzir o papel de Maria a puro símbolo, no sentido ora explicado, limitam-se a chamar a atenção sobre certas diversidades entre o ambiente social e contemporâneo de Maria e a nossa época, no que tange ao modo de entender a atividade e as funções da mulher. Mas, não são argumentações suficientemente embasadas para aprofundar em um tema que não diz respeito a ambiente social, mas à vida cristã. É mister ter em conta outros dados muito mais relevantes.

Revelação e redenção

Cristo revela o Pai e seu designío salvífico. Cristo é igualmente o redentor dos homens. A Epístola aos Hebreus sintetizou muito bem ambas as funções de Cristo em um parágrafo singularmente denso. Deus, escreve-se, "falou-nos por meio de seu Filho (...) É ele *o esplendor de sua glória e a expressão do seu ser*;

sustenta o universo com o poder de sua palavra e, *depois de ter realizado a purificação dos pecados*, sentou-se nas alturas, à direita da majestade (...)"[21].

Deus fala por seu Filho ou, como disse são João, o Filho comunica "as palavras que o Pai lhe deu"[22]. A função de revelar o Pai cumpre-a Cristo não somente com suas palavras, mas pela sua própria Pessoa e sua presença no mundo, porque Cristo se apresentou ante os homens como "irradiação da glória e impressão da substância do Pai", de modo que Cristo mesmo afirmou: "Quem me viu viu o Pai"[23].

Este mesmo Cristo, revelador do Pai, "fez a purificação dos pecados", é dizer, redimiu o gênero humano de todas as culpas e o reconciliou com Deus.

Cristo é revelador e redentor. Eis aqui um dado primário de nossa fé. Não se trata apenas de repeti-lo, mas de tomá-lo como ponto de partida para um aprofundamento ulterior, a partir do qual se faz uma primeira pergunta: para Cristo, ser revelador e ser redentor são duas coisas distintas ou dois aspectos de uma mesma realidade? A resposta pode suscitar uma nova pergunta: o modo pelo qual Cristo revela é distinto do modo pelo qual Cristo redime, ou é o mesmo?

Fazer a pergunta dessa maneira é já saber a resposta. Efetivamente, a revelação do Pai realiza Cristo pela totalidade de sua Pessoa, de sua vida e

---

[21] Hb 1, 2-3.
[22] Jo 17, 8.
[23] Jo 14, 9.

de sua obra; a redenção também é efetuada pela mesma totalidade. Cristo é totalmente revelador e totalmente redentor. Uma mesma vida e os mesmos atos são, concomitantemente, reveladores e redentores, de sorte que no mistério salvífico a revelação tem valor de redenção e a redenção é uma forma de revelação.

Este modo de ver as coisas tem confirmação evidente no Concílio Vaticano II. Conforme o concílio, Cristo cumpre sua função de revelador "principalmente com sua morte e gloriosa ressurreição entre os mortos"[24]. Discorrendo sobre a função redentora, o concílio ensina que Cristo "a cumpriu *principalmente* pelo mistério pascal de sua bem-aventurada paixão, ressurreição dentre os mortos e gloriosa ascensão"[25]. Os mesmos mistérios contêm a revelação e a redenção. Em ambos os casos, o concílio tem cuidado de empregar o advérbio *principalmente*, a fim de não limitar nem a revelação nem a redenção aos mistérios mencionados, proclamando, ao mesmo tempo, a primazia que lhes compete. Pois bem, é óbvio que a redenção existente entre os mistérios principais deve aplicar-se a todo o resto. Usando outras palavras, Cristo é revelador e redentor conjuntamente, pela totalidade de sua vida e de seus atos, bem como por tudo que diz respeito a sua presença entre os homens.

---

[24] DV 4a.
[25] SC 5b.

Maria no mistério da revelação e redenção

Agora é necessário ver que relação tem tudo isto com a Virgem Maria e com a função que ela exerce. Assim, orientaremos nosso pensamento no tema concreto das missões ou vocações da mulher.

A primeira conclusão a se extrair do que foi afirmado é que a revelação cristã é revelação salvífica ou redentora por via da encarnação em uma pessoa, em certos mistérios, em certos atos e palavras, em uma presença que tem a marca do concreto. Isto é suficiente para eliminar a ideia do simbolismo, na qual se anelava concentrar a atenção, substituindo-o pelo conceito de encarnação, o qual, indubitavelmente, goza de primazia.

Dada a identidade real entre revelação e redenção, o papel de Maria no tema da revelação pode ser esclarecido pelo que se lhe atribui na redenção. Para se obter um ponto de referência seguro, será necessário citar uma vez mais as palavras do Vaticano II, que apareceram várias vezes no curso de nossa exposição. Maria, ensina o concílio, "consagrou-se totalmente como escrava do Senhor à pessoa e à obra de seu filho, *servindo sob ele e com ele ao mistério da redenção*"[26]. Se se substitui a palavra *redenção* por *revelação*, não se faz mais que aplicar a um caso concreto a identidade que o Vaticano II estabelece entre o conteúdo das duas palavras. Portanto, pode-se afirmar em perfeita fi-

---

[26] LG 56.

delidade ao concílio, que Maria *serviu sob Cristo e com Cristo ao mistério da revelação*.

O plano de Deus se encarna e se revela em Cristo. Mas, quando afirmamos isto, algo fundamental na ordem da fé, é preciso ter cuidado para compreendermos tal assertiva em toda a integralidade, sem introduzir, mesmo que inconscientemente, cortes que a lesionam, a mutilam e a desfiguram. Cristo integralmente entendido é Cristo "com toda sua presença e manifestação"[27], a qual supera sua simples individualidade, se se pode falar desse jeito, e compreende pessoas e acontecimentos que giram em torno de Cristo, assumidos por ele para revelar à humanidade o plano salvífico.

Se Cristo, pelo modo como se relaciona com uma pessoa, lhe confere uma função relevante e propicia que nela se encarne algum aspecto peculiar do plano divino[28], se pode e se deve afirmar que o único revelador é Cristo; mas, ao mesmo tempo, há que se reconhecer que *sob ele e com ele*, alguém serve ao mistério da revelação, porque negar o que se faz *sob Cristo e com Cristo* é pronunciar uma negativa que retira algo do próprio Cristo.

Pois então, será talvez exagerado pensar que na "presença e manifestação de Cristo", na qual se encarna a revelação, está compreendida a Virgem

---

[27] DV 4a.
[28] O caso dos hagiógrafos é completamente distinto. Nenhum deles encarna a revelação. O Espírito Santo lhes deu o carisma da inspiração para que transmitissem com inteira fidelidade a revelação. Apenas isso.

Maria? Evidentemente, não apenas inexiste exagero como, pelo contrário, é mister reconhecer tal fato como um dado indispensável para crer no Cristo real e concreto, de que fala o novo testamento e não cair na tentação de substituí-lo por um Cristo teórico.

Assim, nos ensinamentos do Concílio Vaticano II, temos já dois pontos de referência bem seguros para situar a função relevante de Maria. Ela serviu sob Cristo e com Cristo ao mistério da redenção e, portanto, serviu também ao mistério da revelação. Ela está também compreendida na "presença e manifestação de Cristo" que tem valor de revelação.

A medida da cooperação de Maria com a revelação é a mesma que a cooperação dela com a redenção. Até aqui o raciocínio está claro e apoia-se em bases inconcussas. Contudo, é importante avançar ainda um pouco mais.

Linguagem encarnada

A presença de Maria no mistério da redenção tem alguma coisa a ver com a vocação cristã da mulher? A resposta é afirmativa e ninguém a pode razoavelmente pôr em dúvida. Desde logo, a "linguagem" da Virgem não pode ser reduzida a símbolo. Ela fala de uma maneira "encarnada", vale dizer, fazendo o que fez e *do modo que fez*.

Se Cristo escolhe uma mulher, associando-a à pessoa e à obra dele, como associou Maria, deste modo está proclamando de *maneira encarnada e concreta*, quais são os caminhos pelos quais ele quer que a mulher o sirva e coopere na obra salvífica.

O mínimo que se pode dizer é que nesse horizonte não aparece o sacerdócio feminino. E não pode aparecer, a não ser que transformemos radicalmente o próprio conceito de revelação, abandonando o realismo concreto da encarnação, tão amplamente desenvolvido pelo Concílio Vaticano II como base de explicação, trocando-o por um simbolismo que elimina contornos, deixando ampla margem à imaginação e à "inventiva pessoal", conduzindo a um cristianismo "idealizado", fruto de homens, mas não de Deus.

Os parâmetros da vocação feminina na Igreja se encontram clarividentemente demarcados. São as diversas formas de virgindade consagrada a Cristo ou vivida a favor dele por diferentes modos; o matrimônio contraído por amor a Cristo. Nestas espécies de vocação se pode e se deve servir a Deus e aos homens segundo os dons que Deus concede.

A Virgem, e somente ela entre todas as mulheres, reúne em uma pessoa as mencionadas vocações. A razão suprema deste fato, como tudo que afeta a Virgem, é preciso encontrar na predestinação dela a ser mãe virginal de Cristo. Mas, não é necessário relacionar estas coisas também com o resto da humanidade? Evidentemente que sim.

Maria não é o *símbolo*, mas a *personificação* da mulher cristã. Ela assinala os caminhos pelos quais a mulher deve servir a Deus e aos seres humanos.

Ou, mais exatamente, é Cristo que assinala os caminhos por meio de Maria, a qual não faz mais nada além de servir *sob ele e com ele*, em prol da manifestação do plano de Deus acerca da mulher.

No que se dirá adiante sobre o matrimônio, estas ideais reaparecerão sob novo aspecto, completando o tema desenvolvido neste tópico.

Recapitulando

O sacerdócio é tema demasiado sério e não permite as superficialidades com que alguns se expressam. É ensinança explícita do Concílio Vaticano II que "o mistério de Cristo afeta toda a história da humanidade, influi constantemente sobre a Igreja e *atua principalmente através do ministério sacerdotal*"[29]. Isto nos dá a ideia da importância que o sacerdócio possui na Igreja e em toda a obra missional para a introdução do evangelho na humanidade. O sacerdócio não é realidade marginal ou periférica, mas está no coração da Igreja, tem a missão e o poder de "realizar sacramentalmente o ato sacerdotal de Cristo com que ele próprio se oferece de uma vez para sempre ao Pai no Espírito Santo e se entregou aos fiéis para que sejam um com ele".

Assim sendo, é normal que o tema do sacerdócio se entrecruze com todos os temas eclesiais, desde a inabitação da Santíssima Trindade na Igreja, que se realiza *principalmente* através do mistério

---

[29] OT 14a.

eucarístico do sacerdote, até a proclamação e defesa dos direitos fundamentais da pessoa, que constitui parte do ministério sacerdotal. Em uma palavra, o sacerdote tem muito a ver com a inteira vida da Igreja e com a humanidade universal.

Tudo isto implica que para estudar um ponto qualquer sobre o sacerdócio é preciso escutar todas as "vozes" provenientes dos mais variados temas eclesiais. Aqui se procederam a algumas reflexões no seu liame com a mulher, partindo de uma perspectiva sobre a qual não se disse muito. A parcela que a Virgem Maria, *sob Cristo* e *com Cristo*, tem na revelação, são temas que não podem ser passados por alto na hora de se estudar a missão feminina. Evidentemente, esta perspectiva não é a única que se deve ter em conta, uma vez que as ramificações e conexões do sacerdócio são enormemente complexas. Todavia, é uma mostra a mais de que "o sacerdócio (...) depende do mistério de Cristo e da Igreja. O múnus sacerdotal não pode se converter em meta de promoção social; nenhum progresso puramente humano da sociedade ou da pessoa poderá, por si mesmo, dar o direito de acesso ao sacerdócio: trata--se de coisas distintas"[30].

Outra perspectiva de estudo, na qual não penetrarei, é a determinada pelo paralelismo entre as origens da humanidade e a obra da redenção, que suscita uma *nova* humanidade. Esse paralelismo tem di-

---
[30] Declaração sobre a admissão de mulheres ao sacerdócio ministerial, 1976. Congregação para a Doutrina da Fe.

versos enunciados; os mais clássicos e principais são: Adão-Cristo, Eva-Maria e Adão-Eva, Cristo-Maria.

Por outro lado, seria um erro pensar que o tema da vocação da mulher na Igreja está intacto e que nunca se disse nada que mereça maior atenção. Certamente, a possibilidade do sacerdócio ministerial feminino carece de fundamento. Mas, isto não implica discriminação, como muita vez se fala, porquanto a diversidade de vocações na Igreja não tem nada a ver com as discriminações impostas pelos homens. À luz do mistério de Maria, fica patente que a exclusão do sacerdócio ministerial não deixa a mulher marginalizada: ela tem na Igreja *outras* funções que o varão dificilmente pode realizar. O equilíbrio funcional dos sexos, por vontade de Cristo, encontra-se bem-sucedido na Igreja. Só poderia rompê-lo um perigoso obscurecimento da missão de Maria, que, por desgraça, ocorre com alguns teólogos atuais.

"O que temos de fazer é meditar melhor acerca da verdadeira natureza da igualdade dos batizados, que é uma das grandes afirmações do cristianismo: igualdade não significa identidade dentro da Igreja, que é um corpo diferenciado no qual cada um tem sua função; os papéis são diversos e não devem ser confundidos, não embasam a superioridade de uns sobre outros nem oferecem pretexto para a inveja: o único carisma superior que deve ser apetecido é a caridade (1 Cor 12-13). Os maiores no reino dos céus não são os ministros, mas os santos"[31].

---

[31] Congregação para a Doutrina da Fé, *Declaração sobre a admissão de mulheres ao sacerdócio ministerial*.

IX. A Virgem Maria e o sacramento do matrimônio

O sacramento do matrimônio determina o estado de vida da imensa maioria dos cristãos em idade adulta. Se a Virgem não tivesse nenhuma relação específica com o sétimo sacramento, sua função materna no âmago da vida cristã seria notadamente apequenada. À Virgem é mister atribuir uma ação sobre os esposos e pais, não somente enquanto são genericamente cristãos, mas, também, na sua condição concreta e específica de pais e esposos. O reconhecimento desta ação de Maria é, a meu juízo, o melhor modo de recuperar para a teologia certos bens salvíficos que estão praticamente ausentes dos tratados teológicos.

Parece que isto tem importância sobretudo nos tempos atuais, em que o matrimônio e a família sofrem forte crise. Demais, a crise recai não só sobre no que no matrimônio e na família há de especificamente cristão; afeta igualmente ao que estas realidades têm de original e universalmente humano.

Por isso, a palavra que a Virgem "pronuncia" em relação ao matrimônio tem repercussões em todo matrimônio; é palavra de salvação para toda a humanidade, uma vez que toda a humanidade depende vitalmente do matrimônio e da família.

Estas considerações elementares bastam para compreender que a ação da Virgem sobre o matrimônio não se circunscreve ao "recinto visível" da Igreja; estende-se a todos os homens, chega à humanidade inteira ou, dito de outra maneira, é um meio a serviço da universal função materna que a Virgem possui e exerce em dependência de Cristo e por uma graça que recebe dele. A função materna realizada pela Virgem não é algo que ela deu a si mesma; "brota do beneplácito divino e da superabundância dos méritos de Cristo; apoia-se na mediação de Cristo, depende dela totalmente e dela saca todo seu poder"[1].

Agora eu gostaria de dar uma ideia coerente de tudo isto, a fim de situar devidamente a ação de Maria em relação ao matrimônio e à família, de maneira que dita ação se integre com a de Cristo e mostre claramente sua dependência em relação com Cristo.

A Virgem e a instituição do sacramento do matrimônio

O autor de todos os sacramentos é Cristo. Qualquer ação atribuída à Virgem em relação aos sacramentos tem que deixar totalmente a salvo a obra de

---
[1] LG 60.

Cristo, partir dela e basear-se nela. Mas, este princípio fundamental que não pode sofrer a menor alteração ou limitação, é princípio de coordenação e integração, não de exclusão. A Pessoa de Cristo e a da Virgem integram-se e jamais se excluem; suas respectivas ações não só não podem conter nenhum germe de oposição, mas, compenetram-se profundamente entre si e contribuem a que se obtenha, de fato, a salvação dos homens.

Todos os sacramentos e, portanto, também o matrimônio, foram instituídos por Cristo livremente. Tratando-se do sacramento em geral ou de cada um em particular, podem ser dadas certas explicações, bem como a razão do sacramento. Todavia, definitivamente, será preciso reconhecer que a única razão determinante e inapelável é a vontade de Jesus Cristo, que quis instituir os sete sacramentos de que concretamente dispomos, e não outros.

A vontade de Jesus Cristo não é arbitrariedade. É sempre vontade salvífica, que toma decisões e realiza obras com vistas na salvação dos homens. Se o Filho de Deus veio ao mundo, foi para nos salvar[2]. Desta vontade brotam os sacramentos. O matrimônio é fruto da solicitude salvífica de Cristo; representa um caminho, introduz os cônjuges num estilo de vida que conduz a Cristo.

Os sacramentos e, concretamente o matrimônio, não somente procedem da vontade salvífica de Cristo; todos eles, cada um a seu modo, ligam-se a fatos

---

[2] Jo 3, 17; Gl 4, 4-5.

salvíficos *fundamentais* da vida de Cristo, cuja virtude aplicam aos homens. Os sacramentos são como a captação e a perpetuação dos fatos que, por especial relação com Cristo, expressam as grandes perspectivas e o conteúdo primário da salvação, da qual Cristo é o autor e consumador[3]. Por isso, são os principais meios de santificação que existem na Igreja.

Ocorreu com Cristo algum fato salvífico fundamental que tenha especial relação com o matrimônio? Certamente. E aqui encontraremos a Virgem.

O Verbo de Deus quis vir ao mundo não apenas como homem, mas definitivamente como *filho*. Ele é o Filho de Deus. Mas, é igualmente, na identidade e unidade de sua Pessoa, o filho de Maria. Seria negação radical da fé pensar que o Filho de Deus entrou no mundo e, uma vez aqui, decidiu fazer-se filho de Maria; ele entra no mundo por via de filiação, fazendo-se filho da Virgem, como, também por via de filiação, procede do Pai desde a toda a eternidade.

No plano de Deus o matrimônio da Virgem e são José está totalmente ordenado e subordinado à vinda de Cristo, que quis vir ao mundo como filho e participar da vida humana no âmbito de um matrimônio.

A instituição do matrimônio como sacramento recolhe, atualiza e perpetua o valor deste fato decisivo: Cristo decidiu entrar na história por intermédio de um matrimônio. É uma entrada que Cristo realiza enquanto salvador e que, por si mesma, pos-

---

[3] Hb 12, 2.

sui extraordinário valor salvífico. A encarnação do Verbo, realizada por via de filiação, contém virtualmente a totalidade da salvação.

Quem tiver em conta o valor dos sacramentos, para descobrir as intenções salvíficas de Cristo, compreenderá, sem dificuldade, que as origens humanas de nosso Senhor reclamam um sacramento, o sacramento que dá origem à família, isto é, o matrimônio. Quando se considera esse sacramento não em sua conexão original com Jesus Cristo, mas totalmente em relação com a Igreja já constituída, perde-se de vista o motivo primário e determinado da existência do sétimo sacramento.

Em resumo, o matrimônio é sacramento porque Cristo quis depositar nos laços nupciais a eficácia salvífica do ingresso do messias no mundo, o qual nasceu da Virgem Maria, previamente preparada para este acontecimento pelo matrimônio com são José. Para professar uma fé verdadeira nos mistérios da humanidade de Jesus, não basta crer que ele é homem; é necessário, também, crer que se fez homem por via de filiação, dando-se como filho a Maria. Analogamente, a genuína fé em Maria não se limita à crença de que ela é a mãe de Jesus, a mãe do Verbo feito carne; essa mesma fé ensina que Maria é mãe unida em matrimônio; mais ainda, que esse matrimônio tem razão de ser na maternidade concreta e única, à qual ela estava destinada.

A Virgem, por ter participação única no nascimento humano de Jesus, participa igualmente de modo singular no valor salvífico desse acontecimento e, através disto, o influxo de Maria chega ao matrimônio na qualidade de sacramento, perpetuando na Igreja a eficácia salvífica das origens humanas de Jesus.

Se se nega à Virgem este influxo sobre o sacramento do matrimônio, incorre-se, consciente ou inconscientemente, em um erro sobre o próprio Jesus. Vale dizer, ou se nega que seu nascimento humano tenha valor salvífico próprio, que deve permanecer e perpetuar-se para sempre na Igreja; ou se incorre em algo pior, como seria pensar que a encarnação do Verbo se realizou sem a cooperação ativa, verdadeiramente maternal, de Maria. Ambas hipóteses são inadmissíveis.

Assim sendo, se quisermos ter uma ideia exata da encarnação, se quisermos deixar a salvo o poder salvífico do nascimento de Jesus, é necessário reconhecer especial influxo da Virgem Maria no sacramento do matrimônio. Não se trata de atribuir à Virgem nada fantástico nem desmesurado; tampouco se busca, em primeiro lugar, glorificar a ela. O que no fundo se discute é a pureza e a integridade da fé em Jesus: isto, sim, é assaz grave.

O fato de que o salvador quis nascer de uma mulher implica necessariamente que esta mulher penetre até as entranhas a história salvífica[4] e que, portanto, o conteúdo da história salvífica está conectado,

---

[4] LG 65.

em todas as direções e desde todas as perspectivas, com essa mulher, que é Maria. Evidentemente, isto redunda em glória a Maria e em glória ingente, mas, ao mesmo tempo, muito necessária, pois, se a denegamos, ofusca-se a glória devida a Jesus, enquanto Filho de Deus encarnado e salvador universal.

A Virgem Maria e as propriedades do matrimônio

É bem estranho que nos tratados teológicos sobre o matrimônio[5], não se diga nenhuma palavra sobre o casamento da Virgem com são José, considerado em seu valor doutrinal; no máximo, faz-se alguma referência a esse matrimônio sob o ponto de vista moralizante, ascético, espiritual etc. Julgando pelo que de fato se tem escrito a respeito do tema, deveríamos pensar que acerca desse matrimônio específico, não há nenhuma palavra importante a ser dita sob o aspecto da doutrina.

Semelhante postura não está correta. O matrimônio da Virgem com são José é obrigatório ponto de referência, para contemplarmos, intuitivamente, certos aspectos da *doutrina*. Com efeito, todas as iniciativas que conduziram àquele casamento foram dispostas por Deus, através de especial providência. Jesus quis mostrar em sua mãe o que é um matrimônio cuja própria existência obedece, total e

---
[5] *Gamologia*. Tratado ou discurso a respeito do casamento (NdT).

exclusivamente, ao desejo de contribuir para com a salvação humana pelos meios e caminhos que Jesus mesmo estabeleceu. No matrimônio da Virgem encontram-se apenas Deus e a vontade dele; é, portanto, um matrimônio que "pronuncia" para todos os cristãos, mais ainda, para toda a humanidade, uma palavra inteiramente única.

O valor exemplar daquele matrimônio situa-se em uma linha mais alta e radicalmente distinta de qualquer outra. Trata-se de um valor consistente em participar a exemplaridade de Jesus em uma forma e grau que não compete a nenhum outro matrimônio. São conhecidas as palavras de Jesus sobre a unidade e indissolubilidade do matrimônio. Mas tais palavras, embora "não passarão", como as demais que proferiu Jesus, têm menos força do que o fato de que ele mesmo consagrou irrevogavelmente essas propriedades (a unidade e a indissolubilidade), nascendo no âmago de um matrimônio baseado na unidade, indissolubilidade, fidelidade e caridade inquebrantáveis, postas totalmente a serviço da redenção.

Cristo, pelo simples fato de haver pré-definido um matrimônio, para ingressar no mundo, fala por meio desse matrimônio e, através dele proclama a divina vontade acerca desta realidade humana fundamental. O matrimônio da Virgem com são José não afeta tão só e principalmente a estes dois cônjuges santos, mas, sobretudo, a Jesus Cristo, quem, mediante estas sagradas núpcias, entra na história, e as converte no modo de presença, ação e predicação divinas. Naquele matrimônio concreto, Jesus quis dizer e disse como efetivamente constituiu o sacramento.

A revelação divina não está apenas nas palavras, mas também nos fatos, porque no plano de Deus, ambos elementos se unem essencialmente e se completam, dando-nos a conhecer seus desígnios[6]. Este princípio universal tem aplicação concreta em Jesus Cristo e se realiza nele com a máxima perfeição. Cristo, efetivamente, *"com toda sua presença e manifestação,* com suas palavras e obras, sinais e milagres, sobretudo com sua morte e gloriosa ressurreição e, finalmente, com o envio do Espírito da verdade, leva à plenitude a revelação e confirma-a com testemunho divino"[7].

O nascimento de Jesus no âmago de um matrimônio é parte integrante de sua *presença e manifestação,* vale dizer, converte-se em meio de revelação, em uma "palavra" que Cristo "pronuncia" silenciosamente, a fim de proclamar o plano de Deus a respeito do matrimônio.

Não se trata de exaltar o casamento da Virgem com são José somente no que toca aos dois santíssimos nubentes. Verdadeiramente fundamental é que não apenas cada cristão, mas sobretudo a Igreja universal, tem obrigação perene e indeclinável de respeitar, reconhecer e assimilar tudo quanto se refere à *presença e manifestação* de Jesus neste mundo, para cada vez melhor compreender tal mistério

---
[6] DV 2.
[7] DV 4a.

e transmiti-lo às gerações vindouras, as quais deverão continuar o labor de aprofundamento. Daqui surge uma honra singular à Virgem e a são José. Mas, se a honra surge neste ponto, vale dizer, a partir da revelação contida na presença e manifestação de Jesus, há que se reconhecer que não se cuida de honra inventada pelos homens, mas desejada por Deus e que, portanto, os homens têm obrigação de respeitá-la integralmente e de lhe dar expressão na vida prática.

A Virgem Maria e o destino transcendente do matrimônio

Às vezes se pensa que a Virgem tem pouco a dizer sobre o tema do matrimônio, porque o dela foi, ao contrário do que normalmente ocorre, um matrimônio virginal. Certamente, a Igreja afirma a perpétua virgindade de Maria, e jamais será lícito pôr em dúvida o ensombrecer esta verdade, sob o pretexto de colocar a Virgem mais próxima da condição dos matrimônios comuns; semelhante aproximação seria puramente fictícia, pois a Virgem aproxima-se dos homens não por caminhos que eles sejam capazes de inventar, mas pelos que o próprio Deus determina.

O matrimônio virginal de Maria e o nascimento virginal de Jesus, seu filho, cumprem missão importantíssima, consistente em pôr em evidência o destino transcendente do matrimônio cristão. Efetivamente, o matrimônio cristão está destinado a superar-se a si mesmo, porque procede de um desejo de salvação supramundana e tende a difundir uma salvação supramundana. A obra da geração humana, pelo uso do matrimônio, é como o terreno destinado a recolher os germes da geração transcendente, sobrenatural, que se atualizará mediante o batismo dos filhos. Matrimônio dos pais e batismo dos filhos são coisas não simplesmente sucessivas, mas complementárias.

A liturgia da celebração do matrimônio capta claramente esta ideia. Num dos prefácios da missa nupcial, diz-se que Deus instituiu o matrimônio com o propósito de que "sua casta fecundidade servisse para multiplicar os filhos adotivos"[8] de Deus. O matrimônio como sacramento é órgão de salvação que, à finalidade natural de gestar novos membros da família humana, acrescenta a finalidade primordial de difundir a salvação, comunicando-a para os outros homens. É impossível entender o sacramento do matrimônio, se não o consideramos em conexão com o batismo, conexão exigida pelo próprio matrimônio e que não pode ser pensada como simples adição posterior. Muitas das discussões travadas acerca do batismo das crianças nunca levam em conta este ponto, o qual me parece importante, ainda que não seja o único ponto digno de atenção.

O destino dos filhos à regeneração batismal é parte integrante do matrimônio dos pais; quando tal destino se atualiza, o matrimônio logra sua plenitu-

---

[8] Prefácio do primeiro formulário de missas nupciais.

de e a finalidade que lhe compete como sacramento de salvação.

Maria, unida em matrimônio, mas engendrando virginalmente Jesus, salvador universal, expressa de modo admirável o destino transcendente de todo matrimônio cristão. A geração humana está destinada à geração cristã, é dizer, a um nascimento que é análogo àquele pelo qual Jesus nasceu da Virgem Maria[9]. O sacramento da regeneração cristã é o batismo, de cuja coordenação com o influxo maternal de Maria já se falou anteriormente.

À luz desse destino transcendente do matrimônio, tão luminosamente realizado e simbolizado no matrimônio da Virgem com são José, é mais fácil compreender os ensinamentos de são Paulo. Segundo o apóstolo, o matrimônio simboliza o amor entre Cristo e a Igreja, que são chamados também esposo e esposa, respectivamente[10]. Este desponsório entre Cristo e a Igreja é virginal; ordena-se à regeneração salvífica, a qual não tem seu princípio na carne e no sangue, mas em Deus[11].

Se o matrimônio é subtraído dessa perspectiva, torna-se incompreensível. E para não cair na tentação de subtraí-lo desse pano de fundo, o matrimônio da Virgem oferece ajuda inestimável, por ser matrimônio concreto e não somente a doutrina acerca do assunto.

---

[9] LG 64.
[10] Ef 5, 22-33.
[11] Jo 1, 13.

Jesus, por haver escolhido determinado modo de nascer, eleva a Virgem e, por causa dela, também são José, à dignidade de pessoas que configuram a vida da Igreja em setor tão importante como o do matrimônio e da família.

Esse modo como Jesus quis atuar provoca consequências importantes não apenas no que tange ao matrimônio, mas igualmente em relação à virgindade e ao modo de entender ambas formas de vida na Igreja. A Virgem, com seu exemplo pessoal, proclama que matrimônio e virgindade são realidades integráveis na vida da Igreja. É erro buscar antagonismos entre as duas realidades. A Virgem põe em destaque as harmonias e contribuição de uma com a outra para a melhor manifestação do mistério de Jesus e do conteúdo da obra salvífica.

A comparação entre matrimônio e virgindade, se bem que, como toda comparação, possa resultar inadequada, deve ser feita à luz do que se realizou na Virgem. Há que se dizer que em Maria não é a virgindade que está subordinada ao matrimônio, mas, pelo contrário, o matrimônio depende da virgindade e está a seu serviço. Maria é verdadeiramente esposa, porém, com o fim preciso de ser a mãe Virgem do salvador de todos os homens. Todos os dons de Maria encontram sua razão de ser na maternidade, e não na maternidade abstratamente considerada, mas como de fato se realizou, vale dizer, em maternidade virginal.

A Virgem Maria e a família

O matrimônio tende a florescer na família. Maria, ainda que por motivo virginal, tem também um filho. Com ele e com são José constitui verdadeira família: a sagrada família.

As relações entre essas pessoas são relações familiares em sentido próprio e não somente em aparência. Jesus é homem de verdade. Se se reduzisse sua vida familiar à aparência, tomar-se-ia caminho perigoso, o caminho que conduz a negar a própria humanidade e a vida humana de Jesus.

A família de Nazaré, centrada em Jesus e em virtude dele, não é modelo exterior, mas o princípio determinante da vida familiar cristã. A função principal corresponde certamente a Jesus; mas a Virgem e são José têm também sua própria função, não independente da de Jesus, nem insulada de Jesus, mas apoiada nele. Porque é evidente que uma vida familiar requer pluralidade de pessoas, cada uma delas com função específica. E, no caso concreto da família de Nazaré, Jesus assume a função da Virgem e, através dela, também a de são José, para configurar as relações que devem existir no interior da família cristã.

Assim, pois, a família cristã se relaciona com a Virgem e depende dela, não em virtude de algo extrínseco, acrescentado e meramente circunstancial, mas pela constituição que Jesus quis dar à família. É mister recordar de novo o valor dos fatos atinentes à presença e à manifestação de Jesus no mundo. São fatos que contêm virtude própria para dar a conhecer o plano divino e para executá-lo entre os homens, se é que os homens querem, como é sua obrigação, abrir os olhos para ver e submeter a vontade, cooperando, destarte, com a graça que Jesus oferece. Jesus, vivendo em família, é dizer, não isolado, mas naquela pequena comunidade de sua família, constitui a razão de ser de todas as famílias. A Virgem e, por meio dela, são José, associam-se à obra de Jesus em relação à família cristã. Se alguém nega dita associação, nega, pelo mesmo fato, algo que integra a manifestação de Jesus e de sua presença entre os homens: o que equivale a mutilar a obra de Jesus, introduzindo cortes arbitrários no mistério da redenção.

De qualquer lado que se olhe, a Virgem tem outra função, ainda mais profunda. Conforme a revelação, a própria Igreja, na sua totalidade, é uma família: a família dos filhos de Deus, os quais não podem menos que ser irmãos entre si. Os conceitos familiares são tão abundantes na revelação, que se encontram por toda parte. O testamento novo mostra, com inumeráveis exemplos, que cristão e *irmão* são a mesma coisa. Os cristãos se sentem unidos a Deus e entre si, por laços que são familiares.

Há uma mãe nesta família universal, que é a Igreja? Certamente. São Paulo VI, ao promulgar a constituição dogmática *Lumen gentium*, proclamou Maria a *mãe da Igreja*. Simples gesto devocional? Não. Trata-se de dar a conhecer o conteúdo do plano de Deus sobre a Igreja.

Para explicar a índole familiar da vida cristã vivida na Igreja, basta a infinita perfeição de Deus, que contém em si, de modo insuperável e inefável, tudo quanto nós expressamos de perfeição com os conceitos de paternidade e maternidade. Deus se basta a si mesmo para nos engendrar a uma vida nova, para fazer-nos, de verdade, seus filhos adotivos.

Deus não tem necessidade da Virgem. Mas, de que coisa terá ele necessidade? Pelo fato de que Deus não necessite de nada, haverá fundamento para negar o que ele fez? Certamente que não. Não nos deu uma mãe, porque ele é incapaz de santificar-nos e de salvar-nos; deu-nos uma mãe para acomodar os caminhos da graça à natureza, para mostrar que tudo que é genuinamente humano vem de Deus e permanece envolto na graça, em uma palavra, para salvar o homem em sua totalidade.

Se a família humana tem um lugar para o pai e para a mãe, estoutra universal família cristã, a Igreja, deve sentir não somente a presença soberana de Deus, pai de todos, mas também a de Maria, feita, por graça de Deus, mãe de todos que têm Deus por pai.

O gênero humano foi redimido por Cristo enquanto determinadamente filho de Maria. Como Cristo quis fazer a todos os homens seus irmãos, por conseguinte, fê-los igualmente filhos de Maria. As relações familiares e sociais que Cristo viveu em Nazaré – absolutamente incompreensíveis se se prescinde de Maria – constituem um princípio de redenção que abarca o homem na totalidade de sua vida familiar e social. Pois bem, nesse "princípio de redenção" inclui-se a ação de Maria, a qual, portanto, exerce função materna em relação a todos os redimidos.

Dar a Maria o título de mãe dos homens, de mãe da Igreja, não é simples expressão de carinho; é o reconhecimento de que Jesus, vivendo familiarmente com Maria, realizou uma redenção de índole familiar[12], redenção que faz de todos os homens uma só família, na qual a mãe de Jesus continua sendo mãe de verdade e exerce funções maternais. É a obra de Jesus que resultaria mutilada, se se negasse a universal maternidade de Maria.

A função humanizadora

Hoje a Igreja empreende grandes esforços para dar ao homem a ideia e o apreço de sua vocação integral; quer despertar nele a consciência de um humanismo que absorva a totalidade de bens pertencentes ao próprio homem, no âmbito tanto individual quanto social. "É a pessoa do homem que se há de salvar. É a sociedade humana que se há de renovar"[13]. A mutilação do essencialmente humano impediria o conhecimento exato do plano de Deus e levaria a mutilar, consciente ou inconscientemente, a própria obra da redenção.

---

[12] Sobre a índole familiar da redenção e da vida cristã escrevi amplamente em *La Iglesia, imagen de Cristo*, Guadalajara 1970, pp. 400-419.

[13] GS 3a.

Entre os bens humanos, têm singular importância os que se referem à família e à sociedade. Como mostrar aos homens, como fazer-lhes compreender intuitivamente que a redenção de Cristo contém já em sua mesma origem todos os bens? Creio que não haja procedimento comparável ao de apresentar Cristo realizando a obra da redenção desde o interior de uma família que vive em comunhão com o resto da sociedade. Não se deve pensar em uma redenção um tanto quanto angelical, que, ao deparar-se com as famílias humanas, purifica-as de quaisquer manchas pecaminosas. A redenção de Cristo, a única que existe, é redenção levada a cabo por meio de atos, relações, sentimentos etc., próprios de uma vida genuinamente humana; é, com acerto, a salvação do homem pelo homem Jesus de Nazaré. A redenção é formalmente familiar.

Pois bem, como será possível compreender a vida familiar de Cristo e a índole familiar da redenção, se se prescinde de Maria? A Virgem tem, pois, ao lado de Cristo, em dependência dele, mas em união com ele, um posto e uma função na imensa tarefa de *humanizar o homem*, devolvendo-lhe a consciência do que ele é em virtude da criação, a fim de suscitar no homem as ânsias de chegar a possuir os bens imensamente superiores que Cristo oferece através da redenção.

Maria, definitivamente, se apresenta como mãe não só dos cristãos, mas outrossim de todos os homens, pois para com todos eles, tem ela importantíssima função a cumprir.

Em Cristo de modo supremo e em Maria, subordinadamente a Cristo, aparece a imagem ou modelo exemplar puro, perfeito, incontaminado e insuperável do que o homem deve ser aqui na terra e do que está destinado a ser na vida futura.

A função humanizante, exercida por Maria, abre-se à transcendência, até à união definitiva com Cristo, e seria absolutamente impossível pensá-la de outro modo. Pois então, como esta função diz respeito à humanidade inteira, representa um modo bem característico do exercício da mediação salvífica que o Concílio Vaticano II atribui à Virgem Maria[14].

---

[14] LG 62a.

X. Maria no culto da Igreja

"A reflexão sobre nosso chamado a pertencer ao corpo místico de Cristo, que é a Igreja, nos convida à memória e à veneração daquela que foi a mãe ditosíssima do corpo de quem é Filho de Deus e se fez Filho do homem"[1].

Vocação cristã e culto a Maria

A vocação cristã implica a exigência de prestar culto à Virgem Maria. Sem o culto mariano, a vocação recebida pelo batismo sofreria grave mutilação, que a desfiguraria radicalmente. A vida cristã plena deve ser também vida mariana, já que na ordem da salvação, a Maria designou-se função insubstituível. É função que nada de novo acrescenta à redenção de Cristo, uma vez que se funda totalmente na graça que Cristo, enquanto redentor[2], comunica a Maria,

---

[1] São Paulo VI, alocução de 25/10/1969 na basílica de Santa Maria Maior: AAS, t. 61, p. 723.
[2] LG 2.

por vontade puramente gratuita[3], na qual se exprime o modo mais eminente de aplicar a uma pura criatura a graça da redenção[4].

Mas, se é certo que a Virgem não acrescenta nada a Cristo, nem pode, independentemente dele, realizar coisa alguma referente à salvação dos homens, a presença dela, sem embargo, cumpre o importantíssimo papel de nos fazer descobrir algo tão positivo como é o aspecto maternal da salvação que Deus nos envia.

Suposta a presença de Maria no plano de salvação e a função própria que lhe corresponde, o cristão deve reconhecer ambas as coisas: aprender de Maria e tomar diante dela uma atitude de veneração, tributando-lhe o culto devido[5].

A presença de Maria é elemento integrante do mistério de Cristo e da Igreja, porque Cristo mesmo quis assim. Disto temos "no testamento novo provas esmagadoras"[6]. Um culto que, como é sua lei constitutiva, recolha o conteúdo íntegro desse mistério, não pode reservar à Virgem papel que não seja singular, efetivamente correlato à função inteiramente singular e única que ela exerce.

O Concílio Vaticano II apresenta o culto mariano sob o conceito de *dever*. Consoante declaração ex-

---

[3] LG 60, 62a.
[4] LG 53.
[5] A Deus adoramos com o culto de *latria*, aos santos veneramos com a *dulia* e a Maria santíssima tributamos a *hiperdulia* (NdT).
[6] São Paulo VI, homilia de 17/10/1971 na beatificação do pe. Maximiliano Kolbe: AAS, t. 63, p. 821.

plícita do próprio concílio, a matéria exposta no capítulo oitavo da constituição dogmática *Lumen gentium*, compreende três pontos principais, a saber: a) posição de Maria no mistério do Verbo encarnado; b) sua função no corpo místico ou Igreja; c) "deveres dos homens redimidos para com a mãe de Deus"[7]. Tais *deveres* consistem, determinantemente, no culto em si, já que o concílio trata deles[8] sob o título *O culto à santíssima Virgem na Igreja*.

Obrigação, dever, exigência são palavras que podem dar à linguagem certo tom de aspereza, se as separarmos da realidade concreta a que se reportam. O filho tem obrigações para com a mãe e, na própria consciência, carrega escrita uma lei que recorda ditas obrigações e que impõe e exige seu cumprimento. Nada obstante, o filho não se sente oprimido por esses deveres; não vê neles uma carga pesada, mas, pelo contrário, um princípio de libertação e elevação que lhe permite encontrar mais facilmente e realizar com maior plenitude a vocação como ser humano. Algo análogo, porém em nível incomparavelmente mais alto, há que se dizer das obrigações que ligam o cristão a sua mãe espiritual, a Virgem Maria.

Os deveres marianos do cristão, implicados no plano de Deus, não apenas não são contrários aos deveres para com Cristo em pessoa, mas, na verdade, o cumprimento dos deveres marianos corresponde à conatural disposição de orientar-se devidamente para Cristo, configurando-se com ele. Pois, assim

---

[7] LG 54.
[8] LG 66-67.

como na ordem dogmática, Maria, "por haver participado profundamente da história da salvação, reúne em si e reflete as supremas verdades da fé"[9], assim também, na ordem moral, a Virgem compendia, reflete e apresenta a nossa imediata consideração o conjunto de nossos deveres para com Cristo, uma vez que ela os cumpriu todos com inteira perfeição e sem a mínima resistência à graça, vindo a ser o modelo obrigatório e perfeito de todo discípulo de Jesus. Maria realiza estas coisas não de maneira puramente estática ou limitando-se a colocar esse exemplo magnífico diante de nossos olhos, mas a Virgem imprime em nosso espírito um impulso que nos faz caminhar efetivamente para Cristo; o comportamento de Maria e tudo que dela conhecemos através do evangelho arrastam sempre em direção a Jesus.

A meditação sobre Maria, disse são Paulo VI, "prolonga-se sem limite e da esfera mística passa à esfera moral. Maria é o modelo da Igreja. A Virgem carrega em si, de maneira eminente, todas as graças e perfeições da Igreja, incluindo aquelas que nós desejamos e deveríamos possuir. Maria é mestra (...). E o que nos ensina Maria? Sabemo-lo: todo o evangelho"[10].

Um trabalho de purificação

O culto mariano não é, nem deve dar a impressão de ser, um mundo à parte, que se desenvolve à

---

[9] LG 65.
[10] São Paulo VI, alocução de 25/10/1969: AAS, t. 61, p. 724.

margem do conjunto do culto cristão. É uma simples consequência de tudo o que se disse até aqui. Porque se a pessoa e a obra de Maria estão integradas organicamente no conjunto do mistério cristão, o culto que a Maria se tributa para honrá-la não pode estar isolado do resto, mas tem de conservar a mesma orgânica integração que o situa no âmago do culto cristão, entendido e praticado na totalidade.

Para praticar devidamente o culto é sempre necessário ou conveniente um esforço de purificação e de equilíbrio, que evite os defeitos, qualquer que seja. Entretanto, se se quer corrigir ou evitar os possíveis "excessos" ou deformações em qualquer devoção, devidos, por exemplo, a uma prática exclusivamente sentimental, não se pode pensar que o correto a fazer é desvalorizar a devoção ou confiná-la às sombras. Muito menos se falamos de devoção à Virgem, já que o culto mariano se baseia sobre a revelação divina antes que sobre o sentimento.

O Concílio Vaticano II exortou, de maneira explícita, a se evitar as contrapostas deformações em matéria de culto mariano, a superar as diferentes formas de superficialidade na devoção à Virgem, como são, por exemplo, o mero sentimentalismo e a vã credulidade, praticando a devoção marial de acordo com o que pede a fé autêntica[11].

Em matéria de deformações e defeitos, há que se recordar que o homem os comete em qualquer área da vida, como mostra sobejamente a experiên-

---

[11] LG 67.

cia cotidiana. Por exemplo, a superficialidade, a vã credulidade, o sentimentalismo não surgem apenas em alguns intentos de promover o culto mariano. Há mais superficialidade, vã credulidade e sentimentalismo em posturas e escritos que pretendem desacreditar e obscurecer o culto mariano. É possível um intento desta espécie que não provenha da superficialidade, da ignorância, da vã credulidade em «ídolos» do momento, de sentimentalismo incapaz de raciocínio sério ou de todas estas coisas juntas? O empenho de arrancar do plano salvífico algo que Deus mesmo colocou nunca foi nem será jamais indício de espírito maduro e profundo; a apelação a Deus e a seus «direitos» supremos não pode passar de reles verborragia, quando se começa não respeitando o plano de Deus.

Às vezes, é mister uma postura independente e crítica para deslindar campos e evitar confusões que não trazem nenhum bem à vida cristã, nem podem fomentar a autêntica devoção à Virgem Maria. Nada obstante, a atitude independente e a crítica frequente a expressões de valor duvidoso não equivalem à frieza e indiferença para com a vida mariana em si mesma. Uma postura deste tipo seria igualmente nociva para as práticas marianas populares e para quem as combate.

As formas e expressões externas de religiosidade – não só a da mariana – podem degenerar em formalismo. Os profetas do testamento antigo e Jesus Cristo, em sua pregação evangélica, censuram frequentemente e com dureza a prática de meras formas externas de culto a Deus quando o coração está muito longe de Deus. Mas, tanto os profetas quanto Jesus Cristo não se limitaram a censurar ou reprovar os abusos; consideraram muito mais importante instruir o povo sobre a religiosidade que agrada a Deus e puseram grande empenho não apenas em "não apagar a mecha fumegante"[12], mas em fazê-la arder.

Consideradas a necessária purificação e a disposição permanente de atuar esta purificação sempre que reclamarem as circunstâncias, o culto à Virgem deve encarnar e expressar todo o entusiasmo filial que o cristão e a Igreja sentem por ela. Não se pode criticar a Igreja, disse são Paulo VI, "pelo entusiasmo que coloca no culto à Virgem, o qual nunca jamais será equivalente nem ao mérito nem ao fruto de semelhante culto, devido precisamente ao mistério de comunhão que une Maria com Cristo e que encontra no novo testamento uma documentação rica; não se chegará nunca a uma 'mariolatria', como jamais o sol será obscurecido pela lua; nem nunca será adulterada a missão salvífica confiada como própria ao ministério da Igreja, se esta souber honrar Maria como excepcional filha e mãe espiritual"[13].

A união da Virgem com Cristo informa e define a vida dela de tal maneira que deve se refletir no culto que lha tributamos, despertando nos cristãos

---
[12] Mt 12, 20.
[13] São Paulo VI, homilia de 17/10/1971, na beatificação do pe. Maximiliano Kolbe: AAS, t. 63, p. 821.

o gozo e o entusiasmo de realizar uma obra que vai além de Maria e chega ao "próprio Cristo, coroa de todos os santos"[14]. A razão última nos remete sempre aos aspectos mais profundos da vida cristã e da providência de Deus. Com efeito, o posto que uma criatura escolhida ocupa no amor de Deus determina o grau de precedência com que temos de considerar a referida criatura em nossas vidas religiosas. É, portanto, o amor de Deus, ou melhor dito, Deus mesmo assinala à Virgem um papel inteiramente singular em nosso culto.

Culto implícito e culto explícito a Maria. Perspectiva ecumênica

De um ponto de vista puramente teológico, pode-se distinguir entre o culto a Maria implícito na prática da vida cristã sob as mais diversas manifestações, e o culto explícito ou formal que se propõe honrar a Virgem particularmente, ainda que sem isolá-la nem de Cristo nem da Igreja, mas, pelo contrário, considerando Maria no âmago do mistério cristão global.

O culto implícito à Virgem e, analogicamente, a todos os santos, é consequência de sua união com Cristo. Portanto, o culto explícito dirigido a Cristo contém e pressupõe um culto implícito endereçado aos santos e, muito especialmente, à Virgem.

---

[14] LG 50c.

O reconhecimento deste culto implícito tem grande importância. Explica, em primeiro lugar, certos fenômenos que afetaram a vida da Igreja durante os primeiros tempos. Muita vez, fala-se da falta de documentos históricos sobre a devoção ou culto explícito da Virgem Maria nos três primeiros séculos. Antes de tudo, não é certo asserir que haja apenas silêncio sobre o tema. Por exemplo, desde o princípio, a Igreja conheceu a Virgem e creu nela tal como o evangelho a apresenta, sendo que a profissão de fé cristã fazia referência explícita a ela. Não se pode afirmar que houve algum tempo na Igreja em que o culto à Virgem tenha sido meramente implícito. Sem embargo, é também evidente que o culto foi adquirindo manifestações mais claras e abundantes, à medida que a Igreja aprofundava no conhecimento da pessoa e da obra de Maria. Até se chegar a uma consciência mariana mais esclarecida, no culto mariano existem mais elementos implícitos que explícitos. A falta de atenção neste ponto poderia dar pretexto a se subestimar o posto que cabe a Maria na Igreja. O implícito está destinado a fazer-se explícito e quando isto ocorre, alcança a própria medida e a perfeição a que tende.

A passagem do implícito ao explícito é um enriquecimento que respeita integralmente a natureza das coisas, mostrando-as em todo seu esplendor, dentro, é óbvio, do lusco-fusco da fé, enquanto durar a atual etapa de peregrinação neste mundo. Pelo contrário, o esforço de reduzir o explícito a seu original estado implícito, impedindo, assim, o conatural desenvolvimento, consistiria não na purificação da prática mariana, mas em verdadeiro retrocesso, cujas consequências se experimentariam não apenas no que toca ao culto de Maria, mas também, de modo mais ou menos pronunciado, em todo o restante da vida cristã, já que as verdades da fé referentes à Virgem, sobre as quais se fundamenta o culto que lhe é devido, vinculam-se organicamente com todas as outras verdades.

O tema do culto implícito à Virgem e, analogamente, aos santos, tem especial importância ecumênica e pode servir de base para desenvolver um diálogo frutífero entre católicos e protestantes. Em relação aos ortodoxos e demais cismáticos do oriente, não há problemas neste ponto, porque todos eles "fomentam a piedade à Virgem Maria, mãe de Deus"[15], "a quem exaltam com belíssimos hinos"[16]. Ao tratar da maternidade de Maria relacionada aos sacramentos em geral, já se disse algo sobre a abertura do protestantismo contemporâneo para as temáticas marianas, bem como para uma revalorização da pessoa e da obra de Maria na vida de piedade e em estudos teológicos. Nada obstante, tudo isto é apenas um começo que se encontra bem distante da plenitude a que deve chegar.

Para criar uma atmosfera propícia ao desenvolvimento da consciência mariana nos protestantes,

---

[15] LG 15.
[16] UR 15b.

é importante insistir na necessidade de que tornem mais explícito o culto deles à Virgem, demonstrando que a experiência mariana é parte integrante da experiência que o cristão deve ter de Cristo e que, portanto, a Virgem tem de estar também presente no culto que se tributa a Cristo, ao Cristo que viveu os mistérios concretos dos quais nos fala o novo testamento e fora do qual não existe nenhum outro.

Não é possível pensar nos mistérios da encarnação, do nascimento de Jesus, de sua infância e vida oculta, sem que a Virgem se faça presente em cada momento. Pois bem, quando se trata de honrar esses mistérios com o culto que se lhes deve, a Virgem tem de aparecer igualmente. Algo semelhante se deve dizer do restante da vida e mistérios de Jesus, incluídas sua morte e ressurreição. Porque, além de o evangelho testificar a presença ao pé da cruz, é evidente que Jesus viveu esses mistérios na sua condição de Filho de Deus e filho de Maria.

Repete-se inumeráveis vezes – e isto é exato – que na ressureição se mostra de modo supremo a filiação divina de Jesus. Os apóstolos viram desta maneira e o expressaram em muitas ocasiões, começando por são Pedro, no seu discurso do dia de pentecostes[17]. Mas, acaso na ressurreição não se mostra também a filiação pela qual Jesus é filho de Maria? A ressurreição de Jesus pode ser pensada sem relação à Virgem, de quem Cristo se encarnou

---

[17] At 2, 22-36.

e assumiu a humanidade idêntica a nossa, exceto no pecado? Jesus, pois, ressuscitou como Filho de Deus e como filho da Virgem. A ressurreição de Jesus nos convida a entoar um cântico de louvor ao Pai que de modo tão admirável quis mostrar seu poder. Mas, não permite que permaneçamos em silêncio sobre Maria. Os escritos dos grandes doutores da cristologia, que floresceram principalmente nos séculos V e VI, exigem suficientemente esta verdade.

Se a relação com Maria é inerente a toda a vida de Jesus e a seus mistérios, quem honra essa vida e esses mistérios, de coração sincero, é dizer, sem arrancar deles deliberadamente nenhum dos seus elementos, honra igualmente, ao menos de maneira implícita, a Virgem Maria e caminha em direção a ela. Não é possível um genuíno serviço e amor a Jesus em quem não disponha dalgum elemento tipicamente mariano. Porque – direi mais uma vez – se trata da experiência do Jesus histórico, daquele que nasceu de Maria e quis ser para sempre filho dela; entrar em contato com esse Jesus concreto, o único que existe, implica, pela própria natureza das coisas, entrar, também, em certo contato com Maria. Pensar o contrário equivale a introduzir uma divisão entre Jesus e sua mãe, o que é absolutamente inadmissível.

Quem honra *sinceramente* a Jesus está dando a Maria um culto pelo menos implícito. No apostolado em ambientes protestantes, é necessário desenvolver estas ideias, ajudando, assim, os irmãos separados a passar do implícito ao explícito. A fé nos faz descobrir a pessoa e a obra de Maria a partir da pessoa e da obra de Cristo e, analogamente, o culto a Maria, a partir do culto a Jesus. Este é um dos casos mais evidentes em que se manifesta "a hierarquia de verdades"[18], e como da verdade primária se passa a outra, à qual está estreitamente unida. O diálogo com os protestantes neste ponto deve dirigir-se primariamente a facilitar-lhes o descobrimento do conteúdo pleno de Jesus. Eles, em maior ou menor medida, creem em Jesus, esperam nele, o amam; às vezes, trabalham por difundir o conhecimento de seu nome e dão dele testemunho que, em certas ocasiões, chega até ao derramamento de sangue[19]. É mister aprofundar em Cristo para perceber cada vez melhor sua plenitude de conteúdo, formar consciência mais correta e explícita do messias, permitindo que tal consciência reflita-se no culto.

Este procedimento, pelo qual se busca descobrir Maria partindo de Jesus, é, na minha opinião, o mais profundo e o que nos aproxima mais do próprio núcleo do plano de salvação. É verdade, como se disse ao falar de Maria no mistério de Cristo, que a maternidade divina da Virgem nos ajuda a ter uma fé pura em Jesus, na sua Pessoa e na dualidade das suas naturezas[20]. Mas, evidentemente, o ponto de partida não é a maternidade de Maria; há que se

---

[18] UR 11c.
[19] LG 15; UR 4h.
[20] UR 15b.

buscar tal ponto muito acima da Virgem. Com efeito, se Maria é mãe de Deus, como ensina a revelação, isto só é possível e compreensível partindo do fato original e absolutamente primário, vale dizer, de que o Filho de Deus quis dar-se a ela como filho, para ser também filho dela. A revelação divina é clara: a Virgem é mãe porque o Filho de Deus quis fazer-se filho dela também. Situando-se nesta perspectiva, pode ser mais franco e construtivo o diálogo ou apostolado com os protestantes, qualquer que seja a posição particular de cada um. O problema fundamental é tomar absolutamente a sério todos os mistérios de Jesus, com a totalidade de elementos que integram sua concreta realidade histórica, sem eliminar nem acrescentar nada.

O culto implícito à Virgem é realidade salvífica que atua para santificar e salvar a quem o pratica. Mas, enquanto permanecer em estado implícito, não surte toda eficácia, pois, segundo o plano de Deus, deve encarnar-se e expressar-se em formas explícitas. São formas suscetíveis de mudanças, como ocorre em outras matérias análogas, mas que devem conter referência explícita à Virgem Maria, para honrá-la, já que sua veneração deve ser considerada como uma das expressões essenciais da vida cristã. Afirmar que todo culto explícito a Maria é algo que fica ao arbítrio de cada fiel, tendo por base que toda a honra e glória de Maria se derivam inteiramente de Cristo redentor, é um erro que o papa Pio XII denunciou na encíclica *Fulgens corona*.

Quando o Concílio Vaticano II discorre sobre os *deveres* dos homens para com Maria, refere-se ao culto explícito, do qual descreve a natureza, as manifestações principais e o espírito que deve informá-lo[21]. O plano de Deus passa por Maria, de quem o Pai se serviu para "introduzir o primogênito no mundo"[22]. Pois então, o culto deve refletir o plano de Deus e, em consequência, exercer a função didática[23] de servir o homem para adquirir consciência de todos os elementos desse plano; o que é impossível se o culto não exprimir todos os elementos de maneira explícita. Um culto em que Maria não apareça não pode ser um culto coerente com a totalidade do plano de Deus.

O problema de estabelecer as manifestações explícitas do culto mariano e suas concretas características não pode ser resolvido de uma vez para sempre. Está envolto no progresso ininterrupto pelo qual a Igreja vai conhecendo cada vez melhor o conteúdo perene da palavra de Deus, expressando-o com maior perfeição na vida[24]. Quando a Igreja atinge um avanço particularmente marcante, sente-se naturalmente a necessidade de revisar, a fim de melhorá-las, as expressões do culto cristão em geral e do culto mariano em particular (com seu núcleo e fonte inalteráveis: os sacramentos, obra do próprio Cristo).

---

[21] LG 66-67.
[22] Hb 1, 6.
[23] SC 33-36.
[24] DV 8b, 10a; LG 12a.

Indubitavelmente, qualquer concílio e, também, o Vaticano II, representa um momento privilegiado na história da compreensão cada vez melhor da palavra de Deus. Este fato se reflete forçosamente na liturgia e na sua organização, assim como no restante das manifestações do culto cristão. As constituições *Dei Verbum* sobre a revelação divina e *Sacrosanctum Concilium* sobre a liturgia não brotaram do Vaticano II casualmente; cada uma delas supõe a outra, uma vez que, por um lado, a palavra de Deus é componente essencial da liturgia e, de outro lado, a celebração da liturgia é o "lugar" mais apropriado para proclamar e assimilar a palavra de Deus.

É natural que neste contexto sinta-se a necessidade de revisar e melhorar as manifestações ou expressões do culto. Mas, a revisão somente respeitará o plano de Deus e responderá efetivamente ao espírito e orientações concretas do Concílio Vaticano II, quando servir, não em teoria, mas nos frutos práticos produzidos na vida dos fiéis, a uma melhor compreensão da palavra de Deus, tal como a crê a Igreja universal "dos bispos aos últimos fiéis leigos"[25].

Natureza do culto mariano

A Virgem é uma criatura única. Somente ela recebeu o dom inefável de haver sido elevada à maternidade divina; somente a ela é possível atribuir as

---

[25] Santo Agostinho, *Sobre a predestinação dos santos*, 14, 27; citado pelo Vaticano II em LG 12a.

graças singulares que serviram de preparação para tal maternidade ou que se derivam dela, a modo de conatural prolongação e complemento. A função de Maria apresenta a mesma nota de singularidade ou unidade, porque no modo e eficácia com que ela cumpre a referida função, este múnus não compete a nenhuma outra pessoa. Compreende-se, sem dificuldade, pois, se apenas Maria é mãe de Deus e mãe também da totalidade dos homens, é evidente que só ela, entre todas as criaturas, pode fazer determinadas coisas. O contrário seria declarar inútil e vã no plano salvífico a prerrogativa suprema pela qual Maria foi feita mãe de Deus e dos homens. A maternidade divina, juntamente com os demais dons que a acompanham, não é ornato, mas intervenção de Deus para a salvação, servindo-se da cooperação desta criatura, que é Maria.

O culto mariano, por ser expressão do mistério que envolve a pessoa e as funções de Maria, deve, também, apresentar notas peculiares exclusivas; é um culto único. Neste momento, não é possível estudá-lo com o vagar que seria necessário[26], porém, esboçaremos algumas ideias fundamentais.

Os princípios doutrinais que regem e configuram o culto mariano foram expressos pelo Concílio Vaticano II em uma apertada síntese. Esse culto, explica o concílio, "tal como sempre existiu na Igreja, apesar

---

[26] Um estudo amplo encontra-se no livro do frei Royo Marín, OP, *La Virgen María. Teología y espiritualidad mariana,* Madri 1968, pp. 349-426.

de ser inteiramente singular, distingue-se essencialmente do culto de adoração que se tributa ao Verbo encarnado, junto com o Pai e o Espírito Santo, e o favorece em grande medida. Pois, as diversas formas de piedade dirigida à mãe de Deus, as quais a Igreja vem aprovando dentro dos limites da sã doutrina e ortodoxia, de acordo com as condições de tempo e de lugares, tendo em conta o temperamento e maneira de ser dos fiéis, fazem que, ao ser honrada a mãe, o Filho (...) seja melhor conhecido, amado, glorificado e que seus mandamentos sejam também cumpridos"[27].

O culto a Maria é essencialmente distinto daquele que se deve à Santíssima Trindade. Não é necessário nenhum esforço para compreender isso. Maria, sendo pura criatura, dista infinitamente da majestade de Deus e de sua imensa perfeição, em virtude da qual devemos-lhe o culto supremo de adoração.

De qualquer forma, o culto a Maria é inteiramente singular. As criaturas, anjos e santos, merecem igualmente nossa veneração e culto, à medida que se aproximam de Deus. Entre todas as criaturas, nenhuma se iguala a Maria. O posto de Maria é inteiramente único e singular, porque ela e somente ela foi elevada à dignidade de mãe de Deus, que é o fundamento supremo do culto que devemos a ela. Nenhuma criatura se aproxima tanto de Deus como Maria; nenhuma, tampouco, participou da salvação da humanidade tão próxima a Deus como ela; por-

---

[27] LG 66.

tanto, nenhuma criatura merece nossa veneração e nosso culto no grau que tributamos a ela.

A diferença entre o culto a Maria e o culto aos santos não é meramente gradual; pertence à ordem qualitativa. Não se trata somente de honrar a Virgem *mais* que aos santos, mas de tributar a ela um tipo de homenagem que é distinta e superior, ainda que sempre imensamente inferior ao culto devido a Deus.

Esta especial natureza do culto mariano é a conatural expressão do posto singular que corresponde à pessoa de Maria. Ela, considerada em si mesma, situa-se muito abaixo de Deus, mas permanece superior aos anjos e santos. Em consequência, a ela é devido um culto no qual se hão de ressaltar as notas de inferioridade ante Deus e de superioridade ante as criaturas. O posto de Maria e de seu culto é intermediário. Sem embargo, ao dizer *intermediário* ou *intermédio*, não se pretende afirmar que diste igualmente dos dois extremos indicados (Deus e as criaturas), porque está bem claro que a distância entre Maria e Deus supera incomparavelmente a distância entre ela e o restante das criaturas.

O culto mariano se distingue essencialmente do culto a Deus. Todavia, o Concílio Vaticano II acrescenta a este dado primário outro dado também muito importante, a saber, o da perfeita coordenação entre o culto a Maria e o culto a Deus. Se nos fixarmos apenas na distinção, poderíamos chegar a pensar ambas categorias de culto como independentes e isoladas. O Vaticano II nos deixa precavidos contra semelhante representação das coisas. O culto tributado a Maria não encontra em si mesmo a última *ratio*; pela sua própria natureza, subordina-se ao culto devido a Deus e tende a fomentá-lo eficazmente, orientando os homens para um mais profundo conhecimento e amor de Deus, estimulando ao cumprimento dos preceitos divinos compendiados no mandamento de amar, o qual possui especial afinidade com a função própria de Maria, que é sempre de índole maternal. Uma mãe inspira amor e cria uma atmosfera de amor. A mãe de Jesus e dos homens inspira amor a Jesus e aos homens. O culto a Maria não apenas não aliena o fiel de Jesus, mas, pelo contrário, aproxima-o de Jesus; nem tampouco pode ser apresentado como pretexto para desatenderem-se as necessidades dos homens, uma vez que essencialmente inclui o amor a todos, não em simples teoria, mas na prática, é dizer, amor manifestado em obras.

A Virgem Maria merece culto especial que difere qualitativamente de todas as outras formas de culto existentes na Igreja. A maternidade divina é seu fundamento e, destarte, entranha "um chamamento de Deus a praticar a devoção mariana. É um chamado que nos vem do coração da redenção. Por esta razão, o culto a Maria está integrado tão solidamente na religião cristã. Seu desprezo conduz inevitavelmente à desfiguração da vida cristã"[28].

---

[28] E. Schillebeeckx, O.P., *Maria, madre de la redención*, Madri 1969, p. 206.

Orientações fundamentais do culto mariano

Na apresentação que o Concílio Vaticano II faz da pessoa e da obra de Maria, destacam-se, de modo bastante enfatizado, duas orientações: a cristológica e a eclesiológica. A doutrina conciliar enquadra Maria no mistério de Cristo e da Igreja. A configuração do culto mariano tem de estar determinada fundamentalmente por estas duas notas, vale dizer, deve ser cristológica e eclesiológica. A veneração de Maria serve muito eficazmente para contemplar o mistério de Jesus, seu filho, e para conhecer, cada vez melhor, o mistério da Igreja, da qual Maria é mãe.

Na oportunidade da beatificação do padre Maximiliano Kolbe, o papa são Paulo VI acentuou bem as notas características do culto mariano e sua perfeita integração na teologia e espiritualidade contemporâneas. O padre Kolbe, disse são Paulo VI, "fez da devoção à mãe de Cristo, contemplada na sua vestimenta solar, o ponto focal de sua espiritualidade, de seu apostolado, de sua teologia. Que nenhuma dúvida contenha nossa admiração e nossa adesão a este bordão (vestimenta solar) que o novo beato nos deixa como herança e exemplo, como se também nós mesmos desconfiássemos de tal exaltação mariana, quando outras correntes teológicas e espirituais, hoje predominantes no pensamento e na vida religiosa, na cristologia e na eclesiologia, poderiam dar a impressão de estar em contraste com a mariologia. Nenhuma oposição. No pensamento de Kolbe, Cristo conserva não somente o primeiro posto, mas o único posto necessário e suficiente, absolutamente falando, na economia da salvação; nem tampouco o amor à Igreja e a sua missão fica esquecido na concepção doutrinal ou no escopo apostólico do novo beato. Antes, pelo contrário, exatamente da complementaridade subordinada da Virgem, no que diz respeito ao designío cosmológico, antropológico e soteriológico de Cristo, ela recebe todas suas prerrogativas, todas suas grandezas"[29].

O culto à Virgem não desvia da contemplação do mistério de Cristo e da Igreja. Pelo contrário, ajuda a penetrar mais eficazmente nele. As reflexões seguintes tencionam esclarecer o tema sumariamente, desenvolvendo apenas alguns pontos de um programa que, por si, é assaz amplo.

O Concílio Vaticano II, desde seu primeiro documento e num texto singularmente denso, deu grande relevo ao aspecto cristológico e eclesiológico do culto mariano, com estas palavras: "na celebração do ciclo anual dos mistérios de Cristo, a santa Igreja venera, com especial amor, a bem-aventurada Virgem Maria, unida com laço indissolúvel à obra salvífica de seu filho; nela admira e exalta o fruto mais esplêndido da redenção e contempla a ela gozosamente como puríssima imagem do que ela mesma, toda inteira, anseia e espera ser"[30].

---
[29] São Paulo VI, homilia de 17/10/1971, na beatificação do padre Maximiliano Kolbe: AAS, t. 63, pp. 820 e 821.
[30] SC 103.

Aqui, o aspecto cristológico do culto mariano fica expresso de maneira insuperável. Em primeiro lugar, do culto a Maria se afirma estar incluído "na celebração do ciclo anual dos *mistérios de Cristo*". Não é possível estabelecer vinculação mais profunda nem eliminar, de modo mais radical, qualquer intento de um culto mariano independente, isolado ou autônomo, fechado em si, como se tivesse em si mesmo a razão de sua própria existência. A veneração de Maria em seus mistérios é parte integrante da veneração devida aos mistérios de Cristo, de maneira que se extirparia algo da veneração aos mistérios de Cristo, se Maria estivesse ausente.

A inclusão do culto mariano no culto de Cristo compreende-se melhor se tivermos em conta outro elemento expressamente indicado pelo Concílio Vaticano II, a saber, que a Virgem está "unida *com vínculo indissolúvel* à obra de seu filho". Maria mesma é apresentada ao nosso culto como "*o fruto mais esplêndido de nossa redenção*".

Maria depende totalmente de Cristo; é uma criatura redimida por ele, ainda que de maneira mais sublime, é dizer, ela foi preservada da culpa original e de qualquer culpa pessoal[31]. Mas, precisamente porque em Maria mostra-se a redenção de Cristo com todo o esplendor e produz na augusta Senhora dons singulares que não se encontram em nenhuma outra pessoa, não é possível nem conhecer plenamente a redenção, nem dar a Jesus o culto

---
[31] LG 53, 56.

que merece, se prescindirmos de Maria. Sob esta luz compreende-se muito bem que a concepção imaculada de Maria não somente não é limitação à universalidade da redenção, nem obnubila a glória de Cristo enquanto redentor de todos os homens, mas, pelo contrário, representa o único meio de que dispomos para conhecer e venerar uma especial forma da redenção de Cristo. Em todo caso, deve ficar claro que a Virgem se insere no mistério da redenção e é seu fruto mais esplêndido mediante a totalidade das perfeições que recebeu e não somente pela sua imaculada conceição.

A mentalidade cristológica, precisamente em razão de ter Cristo como centro, deve dar guarida ao culto mariano organizado de acordo com as verdades aqui ventiladas. Se não houver lugar para a Virgem, tampouco pode prosperar a mentalidade cristológica integradora e plena, já que, na malfadada hipótese, a pretensão cristológica será puramente verbal ou será mutilada, mesmo que inconscientemente. Donde se conclui, em sentido inverso, que a mentalidade genuinamente mariana nos conduz a centrar a vida em Cristo.

O aspecto eclesiológico do culto mariano emerge com clareza no texto do Vaticano II citado linhas atrás. A fim de expressar o referido aspecto eclesiológico, o concílio se serve do conceito de imagem. Maria é a *imagem puríssima* do que a Igreja deseja e espera ser. Como a Igreja poderia compreender a si mesma se, por hipótese absurda, retirasse o olhar dessa imagem puríssima? Quando se aceita esta doutrina errônea, compreende-se perfeitamente por que o declínio do culto mariano produz também o embotamento do próprio sentido da Igreja. Não se pode possuir fina sensibilidade eclesial quando se permanece insensível com quem é a imagem puríssima da Igreja.

A imagem puríssima que brilha em Maria é o objeto para o qual a Igreja dirige seus *anseios* e *esperanças*. Mas, estas palavras não dizem respeito apenas à vida futura; não se referem unicamente à realização última da orientação escatológica da Igreja. Outrossim, expressam anelos e esperanças da vida da Igreja neste mundo, desiderato pelo qual a Igreja se esforça já durante a peregrinação terrena. Desta feita, tampouco seria genuinamente eclesial um culto em que a Virgem aparecesse somente como imagem do que a Igreja será no céu, mas sem conexão com o que a Igreja é e deve continuar sendo aqui na terra. A Virgem Maria está pedindo e mostrando na liturgia o que os homens têm de ser aqui e agora, a humanidade concreta e vivente, pela qual a Igreja, por missão divina, se sente solidária e responsável.

Para o desenvolvimento deste ponto, seria necessário ampliar consideravelmente a perspectiva, integrando à exposição outros ensinamentos do Concílio Vaticano II. Em primeiro lugar, a Virgem Maria é imagem puríssima de uma vida consagrada à escuta, meditação e cumprimento da palavra de Deus[32], é dizer, a uma função essencial para a vida

---

[32] Lc 2, 19 e 51; 11, 27-28.

da Igreja e que a própria Igreja, à imagem de Maria, deve realizar em todo tempo[33].

De um modo geral, Maria, por sua maternidade e virgindade, é o grande modelo para todas as manifestações da vida da Igreja, "a qual com razão é chamada também mãe e Virgem"[34]. O Concílio Vaticano II desenvolve esta ideia com grande amplitude, mostrando efetivamente como a Igreja, por todo seu ser e em todas as expressões de sua vida, olha em direção à Virgem[35]. Mas, a doutrina do Vaticano II sobre as relações existentes entre Maria e a Igreja deve se expressar no culto, se não quisermos cair em dualismos anticonciliares, fazendo com que a doutrina vá por um caminho e o culto por outro. Com esse vezo, nem a doutrina mostraria sua vitalidade, nem o culto disporia de fundamento sólido. Toda a vida da Igreja deve refletir-se no culto tributado a Maria e, ao contrário, todos os atributos de Maria devem aparecer na liturgia como outros tantos pontos de partida para melhor compreensão do mistério da Igreja.

No magistério do Concílio Vaticano II há uma passagem que, sem se referir expressamente à Virgem, parece apropriada para explicar o sentido do culto mariano. Na liturgia, afirma o Vaticano II, manifestam-se o mistério de Cristo e a natureza ge-

---

[33] DV 8b.
[34] LG 63.
[35] Uma exposição do pensamento conciliar encontra-se em G. Philips, *La Iglesia y su misterio em el Concilio Vaticano II*, t. 2.º, Barcelona 1968, pp. 339-348.

nuína da verdadeira Igreja, que consiste em "ser, ao mesmo tempo, humana e divina, visível e dotada de elementos invisíveis, operosa na ação e devotada à contemplação, presente no mundo, mas peregrina. Tudo isto de sorte que nela o humano se ordene ao divino e a ele se subordine, o visível ao invisível, a ação à contemplação e o presente à cidade futura que buscamos"[36]. Sempre é assim, porque essencialmente a liturgia consiste na celebração (administração e recepção) dos sacramentos. Cada sacramento, tal como o instituiu Cristo, tem em si esses aspectos ou características, correspondentes aos mesmos aspectos e características de Cristo e da Igreja. Mas, toda a liturgia – não apenas seu núcleo perene e estritamente sacramental – há de procurar também servir para que todos os fiéis e a comunidade inteira captem todos esses aspectos da Igreja, assimilando-os e pondo-os em prática (assim se receberá melhor o fruto dos sacramentos e se dará melhor a Deus o culto divino).

O culto mariano, se praticado com seriedade, ajuda eficazmente nesse sentido; em primeiro lugar, a descobrir os aspectos humanos e divinos da Igreja e, por conseguinte, de Cristo e da vida cristã. A presença de Maria serve para captar melhor o lado humano da Igreja, entendendo o humano no duplo sentido de pequenez ou debilidade e na aptidão de assumir todos os bens genuinamente humanos no

---

[36] SC 2.

mistério da Igreja. A Igreja, diz o Vaticano II, "tende eficaz e perpetuamente a recapitular a humanidade inteira *com todos os seus bens*, sob Cristo cabeça, na unidade do Espírito"[37]. Pois bem, é preciso reconhecer que a Virgem desperta uma "sensibilidade" humana universal, uma vez que ela é mãe de todos os homens, não de modo abstrato – nenhuma mulher é mãe com maternidade abstrata –, mas mãe de cada ser humano e nas circunstâncias concretas em que cada pessoa vive: abundância ou escassez, saúde ou enfermidade etc.

Na perspectiva desse universal influxo humanizante, a presença da Virgem no culto é de máxima importância, para se captar melhor o valor salvífico da feminilidade. A feminilidade não é apenas um fato e uma qualidade psicológica e biológica. É, também, um elemento integrado ao plano salvífico. Maria é a melhor ajuda para se compreender que a mulher contribui com a obra da salvação não apenas por ser, como o varão, pessoa humana, mas, outrossim, por ser determinantemente mulher que se entrega ao cumprimento dos desígnios de Cristo em qualquer uma das condições em que a mulher possa legitimamente situar-se.

É precisamente em Maria, por meio de função tão feminina como a maternidade, que alcança perfeição suprema a cooperação da mulher no cumprimento do plano salvífico[38]. Contudo, tal perfeição

---
[37] LG 13b.
[38] LG 56.

suprema não é nem deve ser pretexto para negar ou deixar na sombra as cooperações mais modestas de milhões de mulheres ao longo da história salvífica, mas, pelo contrário, enobrece-as e dignifica-as, pois representa o termo para o qual, sob a orientação e impulso de Deus, orienta-se a cooperação salvífica de todas as mulheres, quer elas saibam ou não.

Um culto em que a Virgem se faça presente deste modo abre-se à humanidade universal, reconhecendo, assumindo e oferecendo a Deus tudo quanto há de bom na história humana, do começo ao fim[39]. Tão somente essa abertura universal pode ser expressão adequada de uma mentalidade mariana que, por um lado, é totalmente salvífica e, de outro lado, estende-se a todos os homens na concreta realidade em que cada pessoa se encontra. Um culto no qual a Virgem se faça presente como mãe de cada pessoa está muito longe de ser realidade de tipo sentimental; colocam-se ante os olhos do cristão, sob novo aspecto, os mais graves compromissos perante os quais qualquer homem pode se encontrar.

Se a maternidade de Maria, juntamente com seus outros atributos, exerce função insubstituível no que diz respeito à configuração da índole *humana* da Igreja, a maternidade de Maria se faz, também, presente quando se pensa no divino: a Igreja vem de Deus e está em marcha para Deus. A ação desempenhada por Maria em relação a todos os homens

---

[39] SC 37-40; LG 13, 16-17; AG 9b, 18b, 19b, 22; NA 2b.

possui como fundamento próprio o ministério que ela cumpre referentemente ao Filho de Deus: ser sua mãe, com uma maternidade que tem como destino último não apenas gerar e parir esse filho, em razão da natureza humana dele, mas também participar da obra pela qual esse mesmo filho quer conduzir os homens à salvação transcendente e definitiva que se alcança na glória do céu, e somente lá. É uma salvação que se consegue principalmente pelo exercício da fé, da esperança e da caridade, bem como da perfeita união com Cristo: são precisamente os bens sobrenaturais para os quais se orienta a exemplaridade de Maria com referência à Igreja[40].

A prática das virtudes teologais, sobretudo como se atualizam na celebração da eucaristia, faz a Igreja entrar de cheio no mistério de Deus para mostrar-se depois aos homens como "sinal" que Deus levanta diante dos povos, com o fim de chamá-los à salvação e conduzi-los efetivamente a ela[41]. A Virgem encoraja com eficácia a tudo quanto leva a Igreja às profundezas de Deus. A liturgia não poderia cumprir devidamente seu papel de externar o "rosto" pelo qual a Igreja se volta ao divino, se prescindisse da presença e da ação de Maria.

A manifestação da Igreja na liturgia, como ente humano e divino, já dissemos que essencialmente

---

[40] Para aprofundamento deste ponto, vejam-se Enrique del Sagrado Corazón, O. C. D., *Vida teologal de la Virgen, en la línea del Vaticano II*: in "Revista Esp. de Teologia", 26 (1966), 195-231; J. Esquerda, *María tipo de la Iglesia*: in "Burgense", 9 (1968), 25-63.
[41] SC 2; LG 1, 9b, 48b.

aparece na reta celebração dos sacramentos, tal como Cristo os instituiu e a Igreja tem conservado e conservará por todos os séculos (em cada sacramento constam certos elementos humanos que Cristo utiliza para transmitir dons divinos). Mas, no restante da liturgia, essa manifestação não será possível na medida requerida pelo mistério, sem a integração dos elementos marianos do culto. Algo semelhante se deve dizer das demais notas que caracterizam a Igreja: *visível* e *invisível, ativa* e *contemplativa, presente no mundo* e *peregrina*. A fim de que toda a liturgia cumpra a função eclesial que lhe compete, deve acomodar a totalidade do mistério mariano. Com isto, mostrará, na prática, que o culto à Virgem contribui em grande proporção em despertar e desenvolver um vivo sentido na Igreja.

Para não tornar demasiado prolixa esta exposição, não abordaremos o desenvolvimento dos modos específicos através dos quais a Virgem e sua presença no culto contribuem para captar o conteúdo da visibilidade e invisibilidade da Igreja, de sua ação, de sua contemplação, de sua presença no mundo e de sua peregrinação à pátria definitiva. Limitar-nos-emos a reproduzir algumas palavras de são João XXIII, sumariamente apropriadas para se perceber a presença e a ação de Maria em toda manifestação da vida eclesial. "O mistério de Maria, a mãe de Jesus e nossa mãe – disse o papa santo –, oculta e encobre o mistério de seu filho e, por Jesus, o mistério da Igreja santa e bendita, do episcopado, do sacerdócio, do povo cristão; o mistério do passado, do presente e do futuro; o mistério do apostolado católico"[42]. Aqui surge uma expressão simplesmente genial das exigências eclesiológicas de um culto à Virgem de acordo com o mistério do qual ela é portadora.

São João XXIII afirma expressamente que, se a Virgem contém "o mistério da Igreja santa e bendita", isto se deve à relação primária e original que a une a Jesus. Maria contém a Igreja através de Jesus. O eclesiológico, portanto, não é o primário, mas o derivado.

A orientação eclesiológica do culto mariano nasce da cristológica e a ela deve retornar. É a ideia que, sob diversas formas, encontra-se também no Concílio Vaticano II. A Igreja – diz o concílio –, refletindo sobre Maria, e "contemplando-a à luz do Verbo feito homem, plena de veneração, penetra mais profundamente o sumo mistério da encarnação e se assemelha mais a Cristo, seu esposo. Porque Maria, ao ser honrada, atrai os crentes para seu filho e seu sacrifício, e para o amor do Pai"[43]. "As diversas formas de piedade para com a mãe de Deus (...) fazem com que, enquanto se honra a mãe, o Filho, em virtude de quem tudo foi criado e no qual, por agrado do Pai eterno, reside toda plenitude, seja devidamente conhecido, amado glorificado e que sejam guardados seus mandamentos"[44].

---

[42] São João XXIII, alocução de 21/5/1961 durante a consagração de 14 bispos missionários: AAS, t. 53, p. 362.
[43] LG 65.
[44] LG 66.

Com isso, a exposição volta ao ponto de partida. A orientação cristológica do culto mariano dá origem à eclesiológica, algo assim como Cristo dá origem à Igreja e atrai os homens para a Igreja, a fim de fazê-los partícipes da plenitude da salvação. Contudo, a Igreja não tem razão de ser em si mesma, pois sua vocação é retornar a Cristo e fundir-se para sempre com ele. Analogamente também, a orientação eclesiológica do culto mariano deve volver à cristológica, resolvendo-se nela. Para isto contribui a Virgem, uma vez que exerce sobre os fiéis sua "proteção maternal para que se unam mais intimamente ao mediador e salvador"[45]. O culto que lhe é tributado não pode ter outra finalidade que unir os fiéis e todos os homens com Cristo.

O culto mariano, compreendido do modo que se vem explicando, é algo que a Igreja pratica "com satisfação"[46]. Trata-se do gozo do encontro com a mãe, mais apropriado para venerar e desfrutar em silêncio que para ser definido com palavras. Há que se evitar dois extremos: desfigurar o culto com o sentimentalismo e matá-lo com a frieza.

Não dissemos nada a propósito da orientação trinitária do culto a Maria, nem vamos entrar neste tema. É uma orientação implícita à cristológica, uma vez que não se pode falar da Pessoa de Cristo, Filho de Deus, sem se referir implicitamente ao

---
[45] LG 62c.
[46] SC 103.

Pai de quem procede e ao Espírito Santo, de quem é princípio juntamente com o Pai[47].

Conteúdo e formas do culto mariano

Sobre este ponto daremos apenas algumas breves indicações. O Concílio Vaticano II, entre os atos constitutivos do culto mariano, menciona os seguintes: "veneração e amor, invocação e imitação"[48]. Trata-se de atos que devem informar qualquer celebração, ainda que não seja necessário explicá-los todos neste momento. O culto não é coisa mecânica; pode e deve adaptar-se a situações particulares que reclamam ênfase em determinado ato. Sem embargo, é necessário formar a consciência para se habituar a situar cada ato, concretamente predominante, no conjunto do culto à Virgem. Se mantivermos bem a síntese indicada pelo Vaticano II, o culto mariano será bastante sólido e contribuirá para formar em todos os fiéis profundo espírito cristológico e eclesial.

As formas de culto à Virgem se podem catalogar em dois grandes grupos. Umas são litúrgicas, outras não litúrgicas; estas frequentemente se denominam "populares". Entre os dois grupos, não se admite divisão radical, porquanto as práticas "populares" haurem da liturgia a inspiração, os temas e tantas

---

[47] Para um aprofundamento da doutrina do Vaticano II, pode-se tomar como base LG 53, tendo em conta, sem embargo, que sobre as vinculações da Virgem com o mistério trinitário se fala em todo o capítulo oitavo da constituição.
[48] LG 66.

outras coisas, malgrado organizem tudo isto de maneira peculiar. A invocação da Virgem pela reza da *ave-maria* e a invocação que se lhe dirige usando um texto dos livros litúrgicos não podem ser coisas bem diversas.

De um modo geral, todas as orientações do culto mariano fazem-se presentes na atual liturgia, bem como nas práticas extralitúrgicas aprovadas pela Igreja ou por ela recomendadas como expressão saudável do culto devido a Maria[49], ainda que nem todas essas orientações (cristológica, eclesiológica, trinitária) tenham o destaque necessário na liturgia ou em outros atos. A orientação cristológica sempre ou quase sempre se destaca de forma adequada, contudo, a orientação eclesiológica costuma aparecer com expressão bem mais pobre.

Quando se pensa na função eclesiológica da liturgia de acordo com a descrição feita pelo Vaticano II[50], tem-se ideia bastante concreta dos vazios que ainda devem ser colmatados, a fim de que o culto mariano chegue à plenitude do conteúdo eclesiológico que lhe corresponde. A doutrina do Vaticano II é muitíssimo mais rica que as realizações concretas advindas da posterior reforma litúrgica, no que tange particularmente ao culto mariano. Existem elementos preciosos, com base nos quais se podem reconstruir outros muitos; mas, as celebrações litúrgicas em honra da Virgem, mais explícitas e

---
[49] LG 66; SC 12-13.
[50] SC 2.

ricas em sua expressão do mistério de Cristo, poderiam e deveriam comunicar também essas mesmas características relativamente ao mistério da Igreja.

Não basta justapor a pessoa da Virgem e as necessidades e esperanças humanas, como às vezes se faz; o culto deve mostrar o nexo intrínseco que há entre a Virgem e as diversas situações, todas as situações nas quais de fato se encontram os homens, como igualmente mostrar a ação pela qual a Virgem orienta os homens de dada situação concreta à bem-aventurança futura. A temática poderia alargar-se notavelmente. Sempre deverá refletir-se no culto, em suas formas e conteúdo, para que "a verdadeira doutrina católica sobre Maria seja sempre a chave da exata inteligência do mistério de Cristo e da Igreja"[51].

Entre as práticas populares do culto à Virgem, o rosário tem um posto inteiramente singular. Um documento de são Paulo VI recomenda essa devoção, porque nela destacam-se os seguintes elementos: conexão do culto não litúrgico com o litúrgico, inserção de Maria no mistério de Cristo, meio de professar um culto em espírito e verdade, abertura aos problemas e necessidades do mundo, serviço e cooperação com o plano da providência de Deus. Uma forma de culto a Maria apoiada nestes motivos e configurada segundo estas características, não pode deixar de ser sumamente benéfica para a vida dos fiéis e para a comunidade como um todo.

---

[51] São Paulo VI, alocução de 21/11/1964, no fechamento da terceira etapa conciliar. AAS, 7.56, p. 1015.

Como o texto de são Paulo VI é breve, parece conveniente transcrevê-lo e concluir com as reflexões papais: "Primeiro de outubro. O calendário das pessoas devotas nos recorda que este mês está consagrado ao rosário, essa forma de culto popular tributado a Maria, a mãe de Cristo, honrada na contemplação do ciclo da salvação e na profusão rítmica das ave-marias, quais rosas entrelaçadas na coroa que, por inumeráveis títulos, exalçam a mais bela, a mais pura, a mais santa entre todas as mulheres, a bendita Virgem e mãe: nova Eva, sede da sabedoria, imaculada, dolorosa, assunta, rainha do céu, mãe de Deus encarnado, mãe da Igreja... Ladainha sem fim!

Deve-se dizer que o calendário da piedade mariana não se encontra em oposição com o calendário litúrgico, ou seja, com o calendário oficial, obrigatório, totalmente dominado pela doutrina cristológica e totalmente orientado a celebrar o mistério da salvação. O calendário mariano não se opõe, mas reforça as luzes do calendário oficial; antes, oferece inesgotáveis tesouros à humilde e cordial oração de cada uma das pessoas, das famílias cristãs e do povo. Temos de ser sempre praticantes do rosário, a fim de venerarmos a Virgem e, destarte, colocarmo-nos na melhor perspectiva da vivência do autêntico sentimento religioso *em espírito e em verdade* (Jo 4, 24); a fim de modelarmos a vida com os exemplos humaníssimos e sublimes de Maria e, finalmente, a fim de implorar dela a assistência celestial tanto para nossos problemas cotidianos quanto nas grandes necessidades do mundo. O plano da providência, é dizer, da intervenção de Deus nas vicissitudes humanas, vale-se com frequência das nossas orações, as quais ganharão mais força se contarmos com a intercessão valiosa da mãe de nosso salvador, ou seja, se contarmos com a intercessão de Maria.

A este propósito, filhos queridos, voltemos todos o olhar para a situação atual do mundo; depois, peçamos à Virgem que nos alcance do Senhor a paz tão desejada, (...) a paz que, nos lábios e nos corações, invocamos com o doce e insistente ritmo do rosário mariano"[52].

A Virgem, modelo da Igreja no exercício do culto

A Virgem Maria é modelo da Igreja em todos os aspectos e, portanto, também no referente ao culto. O papa são Paulo VI expôs este ponto concreto na exortação apostólica *Marialis Cultus*, documento que descreve perfeitamente as características pelas quais Maria se faz modelo do culto que a Igreja tributa a Deus.

Maria – afirma são Paulo VI – é a Virgem crente, a Virgem orante, a Virgem mãe, a Virgem oferente[53].

---
[52] São Paulo VI, alocução de 1º/10/1972, na oração do Ângelus: *Ecclesia* 21/10/1972, p. 15 [1439].
[53] São Paulo VI, *Marialis Cultus*, n. 17-20: AAS, 66 (1974), 128-132.

A fé de Maria durante toda a vida terrena foi sempre exaltada pela tradição da Igreja, que se comprazia em ver tal fé realizada especialmente no momento da anunciação. Santo Agostinho afirmou que a Virgem concebeu o Filho de Deus primeiro na mente, em virtude da fé, antes que no ventre intemerato, do qual adveio a natureza humana de Jesus. Essa fé, já incomparavelmente perfeita à hora da anunciação, cresceu ininterruptamente durante toda a vida de Maria, a Virgem *crente*, que oferece a Deus um culto de adoração em espírito e verdade.

Maria é, também, a Virgem *orante*, a Virgem que ora na visita a santa Isabel, derramando seu espírito ante Deus pelo canto do *Magnificat*; a Virgem que intercede em Caná, alcançando o primeiro milagre de Cristo; a Virgem que passa em oração todos os dias, da ascensão a pentecostes; enfim, a Virgem que ao longo da vida praticou sempre elevadíssima oração, como se depreende dos dados evangélicos.

Maria é a Virgem *mãe* que, pela fé e obediência, gerou na terra, sem concurso de varão, o Filho do Pai; foi ela coberta pela sombra do Espírito Santo, cumprindo-se nela um prodígio de fecundidade e maternidade, com virgindade intacta.

Maria é, por fim, a Virgem *oferente*; quando apresenta seu filho no templo, não se limita a oferenda ritual, tal como prescrevia a lei, mas seu espírito transcende os limites legais para realizar uma oblação segundo Deus. Maria, sobretudo, oferece a Jesus e, com ele, se oferece a si mesma no calvário, a fim de realizar a obra da redenção de toda a humanidade.

Igualmente a Igreja, à imitação de Maria, é Virgem *crente* que, com toda firmeza, adere à palavra de Deus e extrai da escritura sagrada todas as normas; é Virgem *orante*, que jamais interrompe a exaltação e súplica ao Pai, sobretudo através do sacrifício da missa; é Virgem *oferente* que, na celebração desse mesmo sacrifício, imola-se com Cristo; finalmente, é Virgem *mãe* que, pelo apostolado, pela pregação e pelos sacramentos, gera filhos para Deus. Quanto melhor a Igreja reproduzir as qualidades cultuais de Maria, tanto mais o culto será perfeito e grato a Deus.

Também pela Fons Sapientiae sobre Nossa Senhora.

Principais documentos dos papas sobre
NOSSA SENHORA
do beato **Pio IX** a **Francisco**

Este livro foi impresso em papel offset 90g, capa triplex 250g.
Edições Fons Sapientiae
é um selo da Distribuidora Loyola de Livros

Rua Lopes Coutinho, 74 - Belenzinho 03054-010 São Paulo - SP
T 55 11 3322 0100 | editorial@FonsSapientiae.com.br
www.FonsSapientiae.com.br